本书为教育部人文社会科学研究项目"信息扩散的心理路径：基于调节定向和情绪的交互效应研究"（编号18YJCZH179）研究成果，由杭州市一流学科新闻传播学资助出版

匹配视角下
信息偏好研究

Research on information preference
from the perspective of matching

王晓梅 著

ZHEJIANG UNIVERSITY PRESS
浙江大学出版社

CONTENTS 目 录

第一章 绪 论

　　互联网从一开始便以其独有的魅力征服了我们，网民的数量成倍增加，信息量也随之暴增。网络很大程度上改变了用户的信息环境，影响了用户的信息行为。那么，在这个信息时代，究竟什么因素会影响人们的信息偏好？这是个值得探讨的问题。已有研究表明，人们会系统地偏好于自己的信念、态度和决策一致的信息，倾向于忽略与自己的信念等不一致的信息。在不同的研究领域（如态度、自我服务决策等）中，学者们发现人们会进行有偏见的信息选择（Lundgren & Prislin，1998；Frey，1981；Holton & Pyszczynski，1989）。也有研究发现，个体的特征（如调节定向）影响着信息的加工过程（Jin，2012；Tseng & Kuo，2010）。调节定向影响着决策前信息搜寻的类型以及决策过程中信息的利用情况（Higgins，1999）。我们感兴趣的一个问题是，当人们接触到各种信息时，不同调节定向的人们会产生怎样的偏好？会做出怎样的选择行为？

　　先前的研究理论已经发现在动机和情绪体验间存在着紧密的关系（如Weiner，1986）。动机越强，人们所体验的情绪强度就越高。调节定向理论假设，人们的促进定向和预防定向决定着他们对成功和失败时情绪反应的性质和程度。促进定向时，人们的情绪体验是沿着欢快—沮丧（cheerful-dejected）的维度发生变化，促进定向的人们更可能被快乐启动；而预防定向时，人们的情绪反应会沿着宁静—焦躁不安（quiescence-agitation）的维度发生变化，预防定向的人们更可能被痛苦启动（Idson，Liberman & Higgins，2000、2004）。不同的调节定向的个体对某种情绪相关的信息敏感程度不同（Shah & Higgins，2001）。不同的情绪是不是也具有不同的调节定向的功能？Higgins（2006）提出，评估情绪有三个维度：愉悦度、激活程度和调节定向功能。由此可见，调节定向和情绪之间有着紧密的关系。那么，调节定向和情绪二者的交互会对个体的信息态度偏好和选择偏好产生什么影响呢？这也是本书感兴趣的问题。本书有三个研究：研究一是信息偏好中的调节定向效应，由实验一和实验二组成；研究二是信息偏好中调节定向和情绪的交互效应及其机制，由实验三、四、五组成；研究三是调节定向和情绪对信息偏好的现场研究，由实验六和实验七组成。

本书以调节定向理论和情绪信息理论为基石，应用内隐联想测验IAT的技术，在实验室和现场应用情境中探究对信息的态度偏好和选择偏好的影响因素。首先，本书主要通过操纵调节定向和情绪来改变个体不同的状态，探究促进定向（vs.预防定向）和快乐（vs悲伤）对信息的外显的、内隐的态度偏好和选择偏好的影响及其机制。其次，本书突破实验室研究的局限，在现场情境中对影响人们信息偏好的因素进行探索，旨在实际应用中检验调节定向和情绪对信息的态度偏好和信息传播行为的有效方式。

本书具有重要的理论意义和应用价值。首先，扩展和丰富了调节定向的理论研究。本书将调节定向理论应用到对信息的态度偏好和行为选择偏好研究领域中来，尤其是调节定向对信息的内隐态度偏好的影响方面。其次，完善了情绪即信息理论的研究成果，以往情绪即信息理论的探讨基本上都围绕着情绪单一的变量对个体心理和行为的影响，为了弥补这一研究的不足，本书尝试把情绪和调节定向这两个变量结合起来，探讨二者的交互效应。最后，本书具有较高的应用价值，为营销提供了一个重要的细分市场的依据，针对产品不同的信息类型，商家应实施具有针对性的营销或说服策略；也可为政府提供有效的公益宣传和教育施策建议。

第二章 文献综述

第一节 调节定向理论

一、调节定向的提出及其内涵

在心理学中，效价是个非常重要的概念，在动机、情绪、决策、学习和劝说领域中都起着重要的作用。效价，有积极和消极之分。根据效价，行为结果可以概念化为四个类型：获得、非获得、损失和非损失（Higgins，1997）。这些结果可以用两种不同的动机机制进行解释：一种机制是享乐主义动机，根据感觉到的是快乐还是悲伤来划分这四种结果类型（Tversky & Kahneman，1981），获得和非损失是令人产生积极情绪的结果，而非获得和损失是使人产生消极情绪的结果。人们通常趋利避害，即趋向于获得或非损失，回避非获得或损失。另一种机制是调节定向动机，它把上述四种结果进行分类的依据是与获得相关的还是与损失相关的（Higgins，1997、1998），即获得和非获得是与获得目标相联结的，可以诱发促进定向（promotion focus）；损失和非损失是与损失目标相联结的，可以诱发预防定向（prevention focus）。

Higgin（1997）提出了调节定向理论，该理论超越了传统的享乐主义理论，认为人们有一种向着一定类型的目标状态移动的倾向。调节定向理论对人们如何趋利避害的机制给出了更进一步的阐释，认为人们的趋向、回避具有"策略性"。二者的目标各不相同。促进定向与希望、愿望和理想有关，它涉及成长、发展和成就，对积极结果存在与否比较敏感，在实现目标的过程中通常采用热切趋近（eagerness approach）策略；而预防定向与责任、义务有关，它涉及安全和保护，对消极结果存在与否比较敏感，在实现目标过程中通常采用警惕回避（vigilance avoidance）策略。

调节定向和自我观也有着一定的联系。自我观有两种类型，即独立型自我观和依存型自我观，二者之间存在着很大的区别。在一种具体的文化中会特别推崇其中的一种自我观，文化心理学对此做了大量的研究（Fiske et al，1998）。大多数西方国家的文化鼓励独立型的自我建构。在这些文化中，自我是一个自主的实体，人们把自己看作与他人是不同的，认为自己具有独特的个性和特征。这种文化强调，必须维护和坚持自己的与众不同和人格独立；关注引发行为的内部动机。与此相反，亚洲、非洲等一些地方的文化鼓励相互依存型自我建构，自我在本质上是与他人紧紧相连的。这种文化强调，个体必须在社会中找到自己的位置，关注社会环境的影响。自我是嵌套在社会关系、社会角色和社会责任中的。独立型自我的目标是自主、成就以及对成功的渴望等，倾向通过努力，不断地提升自我，这和促进定向是一致的。相反，依存的自我观是指人们根据和他人的关系来界定自己。这种自我观是在鼓励要履行自己的责任和义务先于实现自身的理想和愿望的文化中（如中国。Singelis，1994）孕育起来的。依存型自我通过反思自己的过错，不断地完善自我，和预防定向是一致的（Aaker & Lee，2001）。Lee、Aaker 和 Gardner（2000）研究发现独立型自我的人认为促进定向策略比较重要，而依存型自我的人认为预防定向策略比较重要。Aaker 和 Lee（2001）研究显示独立型自我凸显时，被试对与促进定向一致的产品信息有着更加积极的印象；当依存型自我凸显时，被试对与预防定向一致的产品信息有着更加积极的印象。另外，他们还发现，在东西方不同的两种文化中，当信息是以促进框架呈现时，独立型自我观的被试记忆效果较好，而当信息是以预防框架呈现时，依存型自我观的被试记忆效果较好。简而言之，自我观和调节定向匹配时信息记忆效果更好。

在不同的社会文化里形成的自我观会融入人们的个性中，成为一种稳定的、习惯性的特征。不过，也有研究表明自我观有多种，一种是上面提到的、可以在文化中慢慢形成的；另一种是可以通过相关任务（Aaker & Williams，1998），如情境和实验任务启动（Hong et al，2000）形成的暂时性的自我观。当启动的自我观和文化中形成的不一致时，个体会表现出和启动的自我观相一致的价值标准。大量的研究表明，正如自我观一样，调节定向也有两种类型：

特质性的和情境性的。前者是一种长期的、稳定的个性特质，可以通过标准化的量表进行测量；而后者是一种暂时的、变化的动机状态，可以通过实验任务启动获得。特质性调节定向的形成与父母的教养方式有关。父母可能会采取两种不同的方式：一种方式是为孩子创造一个支持性的环境和积极向上的氛围，满足孩子的愿望等，这可以实现促进性目标，它与孩子的成长、进步和抱负有关；另一种方式是保护孩子不受欺负，不让孩子冒险，通过批评、警告等方式教育孩子要履行义务、避守规则，这样可以实现预防性目标，它与安全、保护和职责有关。那么，在这两种截然不同的养育目标下，孩子会形成两种性质不同的自我调节系统：促进定向和预防定向。

二、调节定向的测量

调节定向的测量主要分为两类：特质性和情境性类型。特质性调节定向往往用问卷进行测量，如调节定向问卷（Higgins et al，2001；Lockwood et al，2002；Hong & Lee，2008）、自我问卷（Avnet & Higgins，2006；Pham & Avnet，2004）、自我优势指导任务（Evans & Petty，2003），或者 Lockwood 量表（Zhao & Pechmann，2007）、行为激活量表（Leone，Perugini & Bagozzi，2005）等。而情境性调节定向可以运用实验任务启动，如自我诱导启动（想象自己赢了或输了一场比赛，Aaker & Lee，2001）或者情境诱导启动（完成迷宫任务，Zhang & Mittal，2007）。下面分别对这两种类型的调节定向的主要操纵与测量方法及其相关研究进行阐述。

（一）问卷调查法

Higgins 等（2001）开发了一种调节定向问卷。它是通过计算理想的和应该的自我目标的可及性（the accessibility）差异来判断促进定向和预防定向。理想的和应该的自我目标的可及性反映了促进定向和预防定向的强度，因为有促进目标的个体会关注他们的希望、愿望和追求是否可以实现，可能会产生不同程度的"理想自我"目标的可及性。而预防目标的个体会关注他们的安全、保障和责任，可能会产生不同程度的"应该自我"目标的可及性。Higgins 等是通过调查过去成功实现预防和促进目标的个体主观体验来判断调节定向的类型。

他开发的问卷包含11个题目、2个维度：一个维度测量预防定向（有5个项目），另一个维度测量促进定向（有6个项目）。预防定向维度的样题："你经常遵守你父母定下的规矩吗？""不够细心让我经常陷入麻烦中。"；促进定向维度的样题："与大多数人相比，你通常不能得到你想得到的吗？""你曾经完成一些事情，这些事情的成功让你更加努力吗？"

Lockwood 等（2002）也开发编制了一种调节定向问卷，共有18个项目，2个维度（促进定向维度和预防定向维度）。促进定向维度题目如："我经常想象我将如何实现我的希望和追求。""一般而言，生活中我专注于取得积极的结果。"预防定向维度题目如："我很担心我将履行不了我的职责。""一般而言，生活中我专注于预防一些消极的事情。"采用的是9点量表，从1（描述根本不符合我）到9（描述非常符合我）。Lockwood 等编制的调节定向问卷的项目是根据 Higgins 等提出的理论构造的。不过，Lockwood 等开发的问卷是可以对调节定向进行直接测量的，是一种比较简洁的评估方法。

特质性调节定向也可以采用行为抑制/行为激活量表（Behavioral Inhibition/Behavioral Activation Scales，BIS/BAS；Carver & White，1994）来测量（Leone，Perugini & Bagozzi，2005）。研究发现，在 BIS/BAS 和促进定向/预防定向之间有着很强的概念相似性（Higgins，1996a、1996b）。BIS 关注消极结果相关的刺激及其反应，如面临惩罚时的焦虑等情绪反应，类似于预防定向，采取回避策略。同样，BAS，如同促进定向，对获得或没有获得的积极结果比较关注，采取趋近策略（Carver，2004；Carver & White，1994）。BIS 是一个单维的结构量表，由7个项目组成，如"我担心会发生错误。""如果我认为将发生一些不愉快的事情时，我通常会很生气。"BAS 包含三个亚量表：（1）奖赏反应性（Reward Responsiveness，REW，5个项目），该量表专注于积极反应的出现或预期回报，如"当我得到我想要的东西时，我感到兴奋和精力充沛"；（2）驱动力（4个项目），它关注的是对理想目标的持续追求，题项如"当我想要某种东西时，我通常会全力以赴地去得到它"；（3）寻求乐趣（4个项目），该分量表反映的是对新奖赏的渴望和接近一个潜在的有奖赏活动的意愿，如"我经常会没有其他理由仅仅是因为事情有趣去做它"（Carver & White，1994）。

（二）实验启动法

在实验启动法中，状态启动的调节定向往往通过一个任务或者情境诱发而出，这种调节定向主要有两种：一种是自我启动[下面第（1）种]；另一种是情境启动[下面第（2）~（5）种]。下面进行详细介绍。

（1）自我启动

要求被试列举他们的愿望和责任，这种方法在以前的研究中得到广泛的应用（Idson et al，2004；Liberman，Molden，Idson & Higgins，2001）。促进定向的被试被要求"请想想在你目前的生活中的一个希望或愿望，并用2~3个句子把它描述下来"。启动预防定向的被试指导语除了让被试想象的是一种责任或义务不同，其他方面都与启动促进定向一样。

自我调节也可以通过目标的不同凸显程度进行启动。在Ryu，Suk，Yoon和Park（2014）的研究中，在促进调节定向条件下，要求被试想象为了给一个朋友庆祝生日，和好友们一起去看一场电影，期盼着生日那天欢乐开心的场面和有意思的电影，引导被试想象一些积极的结果来启动促进定向。在预防定向条件下，要求被试想象为了打发课间的无聊，和朋友一起看电影，这样可以避免沉闷乏味的等待，引导被试想象可以回避一些消极的结果来启动预防定向。

（2）残词补全法

让被试完成残词补全的任务来启动预防定向（如，"义务"等词）或者促进定向（如"希望"等词。Lee，Keller & Sternthal，2010）。在预防定向条件组，让被试完成5个与预防有关的填词任务，比如，d_ty（duty，责任）、s_afe（safe，安全），或填写5个与促进定向相关的词汇，如e_g_r（eager，热切）、h_pe（hope，希望）等。通过填词任务来启动被试的调节定向。

（3）迷宫任务法

Friedman 和 Förster（2001）最早使用迷宫任务法。该方法要求被试完成一个迷宫任务来启动促进定向或预防定向，在这个纸笔迷宫测验中，一个卡通老鼠处于迷宫的中央，被试的任务是帮助这个卡通老鼠寻求路径离开迷宫。在促进定向条件下，一块奶酪在迷宫的出口处，要求被试引导老鼠走出迷宫得到奶酪，这个迷宫任务激活了"寻求营养"，获得理想的结果（见图2.1）。在预防定向条件下，一只老鹰在迷宫上方盘旋，它想抓住这个处于迷宫中央的老鼠并把它吃掉，要求被试引导这只老鼠逃离迷宫，避免被老鹰吃掉。这个迷宫任务激活了"寻求安全"，避免消极的结果（见图2.2）。

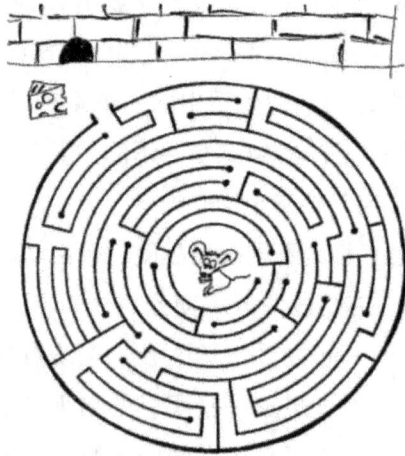

图2.1　启动促进定向的迷宫任务（源自 Friedman & Förster, 2001）

图2.2　启动预防定向的迷宫任务（源自 Friedman & Förster, 2001）

（4）损益框架

损益框架，也称为任务框架范式，是研究者常用的启动状态性调节定向的方法之一，用强调有没有获益框架来启动促进定向，用强调有没有损失框架来启动预防定向。例如，在 de Lange 和 van Knippenberg（2007）的一项研究中，促进定向被试的指导语是："你参加这次实验将获得一欧元，如果你的成绩能高于前20%被试的话，你将再得到一欧元，如果你的成绩不能高于前20%被试的话，你将不能再得到一欧元。"预防定向被试的指导语是："你参加这次实验将获得两欧元，如果你的成绩不能高于前20%被试的话，你将失去一欧元，如果你的成绩能高于前20%被试的话，你将不会失去一欧元。"又如，在 Burtscher 和 Meyer（2014）的研究中也使用的是损益范式。促进调节定向的群体组在实验起始时有0法郎，他们通过完成任务来获得法郎（做出一个完全正确的答案可以获得12法郎，部分正确的可以获得6法郎），这样，他们处于获得/非获得的框架下（启动促进定向）。预防调节定向的群体组在实验起始时拥有60法郎，这是他们能获得的最高额度。他们不能完成任务的话或失去这些法郎（选一个错误答案会失去12法郎，选一个部分正确答案会失去6法郎），这样，他们处于损失/非损失框架（启动预防定向）。需要注意的是，这两组最终获得一定数额法郎的机会是相同的，如若有三个完全正确的答案，一个部分正确答案，一个错误答案，这两组最后赢得的都是42法郎。

（5）信息框架

信息框架与上面任务框架范式类似，在任务框架范式中，信息被外显地措辞为获得相关的结果，如，"赢得"；或损失相关的结果，如"没有损失"（Cesario，Grant & Higgins，2004；Higgins，1997、2002）。而在信息框架中，信息描述与促进相关或预防相关的结果，而不是使用损益语义上比较外显的词（Wang & Lee，2006）。这种理论假设是促进结果被心理表征为与获得相关的，而预防结果被表征为与损失相关的（Higgins，1997）。例如，一个描述具体行为的信息（如"吃蔬菜"）可以产生促进相关的结果（如"提供营养"），也可以产生预防相关的结果（如"预防动脉堵塞"）。描述为"提供营养"的信息被心理表征为一种"获得"，尽管这个信息并没有外显地措辞为"获得"。而描述为"预防动脉堵塞"的信息被心理表征为一种"非损失"（Cesario，Corker，Jelinek，2013）。这就是说，这两种信息在心理表征上是等价的，即"提供营养"等价于"获得"，可以启动促进调节定向；而"预防动脉堵塞"等价于"非损失"，可以启动预防调节定向。

三、调节定向效应的相关研究

（一）调节定向对情绪的影响

是什么使人感觉良好或糟糕呢？心理学家对于这个问题探索了很长时间，虽然没有一致的结论，但有研究者认为答案或许与目标实现的价值感知有关。如果目标实现了，人们会感觉比较好；如果目标没有实现，则会感到很难过。目标实现的情绪反应包括感知的实际自我和理想自我的一致或差别程度。当人们的实际自我达到他们想达到的或认为应该达到的目标时，他们心情会很好；当没有达到时，心情则会很糟糕（Higgins，1987）。可以看出，目标追求的过程和情绪是紧密相连的。有研究发现，目标趋近系统本质上是和积极情绪（positive affect，PA）有关联的，而目标回避系统是与消极情绪（negative affect，NA；Maxwell & Davidson，2007）有关联的。然而，有些学者对此简单的划分提出质疑。Carver（2004）研究发现消极的情绪，如悲伤和愤怒（sadness 和 anger）可以在趋近系统里出现，如在趋近目标没法实现或很难实现的时候。

情绪具有两极性，情绪效价有增力和减力两极。需要得到满足时则会体验到积极情绪，产生增力；需要得不到满足时则会体验到消极情绪，产生减力。唤醒/激活水平有激动和平静两极。不过，这些情绪两极性分类主要是描述性的，它只能解释人们经历着什么情绪，不能说明人们为什么经历着这样的情绪。与之比较起来，调节定向理论在一定程度上可以解释人们为什么产生某种类型的情感体验而不是另一种情感体验，它拓展了先前情绪理论的解释力。促进或预防定向的强度与自我调节的有效性（是否达到目标）共同影响着人们的情绪。重要的是，源于调节定向和自我调节有效性的情绪学说与两极性分类学说是一致的。高促进定向和高效的自我调节组合可以产生欢快的情绪（积极的效价/高唤醒）。高促进定向和低效的自我调节组合则引发的是沮丧的情绪（消极的效价/低唤醒）。高预防定向和高效的自我调节组合会产生轻松宁静的情绪体验（积极的效价/低唤醒），高预防定向和低效的自我调节会出现焦虑不安的情绪体验（消极的效价/高唤醒）（Brockner & Higgins，2001）。

早期的研究和理论已经发现在动机和情绪体验间存在着紧密的关系（如Weiner，1986）。动机越强，人们越是渴望达到理想的目标或回避消极的后果，人们所体验的情绪强度就越高。实际自我与目标或标准的差距是影响情绪反应强度的一个因素。差距越大，人们越有可能体验消极情绪。若在促进定向时，则感觉到沮丧，若在预防定向时，则感觉到焦虑不安。Strauman 和 Higgins（1989）让人们评估实际自我/理想自我（actual self / ideal self）和实际自我/应该自我（actual self / ought self）的差距，两个月后，被试完成情绪测验。研究发现，实际自我/理想自我的差距与失望/不满意相关显著，但与害怕/坐立不安相关不显著。而实际自我/应该自我的差距与害怕/坐立不安相关显著，与失望/不满意相关不显著。

调节定向理论假设人们的促进定向和预防定向决定着他们对成功和失败时情绪反应的性质和程度。Higgins，Shah 和 Friedman（1997）研究显示特定类型的调节目标会引起某种类型的情绪反应。达到促进定向的目标，意味着出现了积极结果，则会产生欢快相关（cheerfulness-related）的情绪，比如高兴或满意（happy 或 satisfied）；而没有达到促进定向的目标，意味着没有出现积极结果，则会产生沮丧相关（dejection-related）的情绪，如失望或气馁（disappointed 或 discouraged）。相反，若达到预防定向的目标，意味着不存在消极结果，产生了宁静相关（quiescence-related）的情绪，如平静或放松（calm 或 relaxed）；若没有达到预防定向的目标，意味着存在消极结果，产生愤怒相关（agitation-related）的情绪，如紧张或不安（tense 或 uneasy）（Higgins，1996a）。与之类似的，Brockner 和 Higgins（2001）研究也发现，在促进定向时，人们的情绪体验是沿着欢快—沮丧（cheerful-dejected）的维度发生变化：积极的反馈（有效的自我调节）会带来欢快的反应，而消极的反馈（无效的调节）会引发沮丧和失望。在预防定向时，人们的情绪反应会沿着宁静—焦躁不安（quiescence-agitation）

的维度发生变化：积极的反馈带来宁静，而消极的反馈引发焦虑（或愤怒、害怕）。例如，目标是提高学习成绩，促进定向的个体会改进学习方法，如果成功了，就会感到喜悦，如果没有成功，就会感到沮丧；预防定向的个体会消除影响学习的因素，如果不能消除，就会感到愤怒，如果消除了，就会感到放松。

（二）调节定向对认知和决策的影响

Higgins（1999）认为，个体调节定向的差异会使他们采用不同的认知加工策略。促进定向的个体关注积极的结果，倾向采用"击中"策略，避免"漏报"错误的发生。预防定向的个体回避消极的结果，倾向采用"正确拒绝"策略，避免"虚报"错误的发生。因此，调节定向影响着决策前信息搜寻的类型以及决策过程中信息的利用情况。

在预防调节定向的情境下，个体很在意是否安全，他们关注周围具体的环境，保持着警惕。如果当前面临着威胁，他们会对环境进行搜索，识别和消除阻碍目标实现的障碍，并认为对局部的细节保持的警惕是非常必要的。这种策略可能会随着时间的推移被程序化，即使一些细微的线索（威胁性的）也能引起更精细的加工。在促进调节定向情境下，个体很在意的是是否能实现自我，获得成长和成就，采用热切的策略。这种策略同样可以被程序化和自动化，能够被促进定向的一些情境线索所激发。即随着时间的推移，整体加工信息的倾向可能会在具有长期的促进调节定向的人们中逐渐形成，使他们具有"热切的倾向"（Förster & Higgins，2005）。

Förster 和 Higgins（2005）发现预防定向的个体为了实现安全的目标，他们倾向关注其周围的具体的环境，采用局部的加工风格，对周边的危险和障碍敏感性较高。而促进定向的个体倾向采用的是探索性的、整体性的信息加工风格；促进定向也有利于创造力的发挥，处于促进定向的被试比预防定向的被试表现出更加有创意。这种差异是由于两种调节定向加工风格的不同，促进定向是冒险式的、探索式的，而预防定向是风险规避的、警惕式的。在 Friedman 和 Förster（2001）的研究中，采用迷宫任务启动被试的调节定向：用老鼠找到瑞士奶酪的方法启动促进定向，用老鼠躲避鹰捕捉的方法启动预防定向。发现促进定向的被试在需要创造力和洞察力的任务中表现要优于预防定向的被试。他们在另一个研究中也发现，具有促进调节定向特质的被试在完成格式塔完形任务中的成绩要优于预防调节定向特质的被试。整体加工可以促进创造型思维，而局部加工可以促进分析型思维（Friedman，Fishbach，Forster & Werth，2003）。

de Lange 和 van Knippenberg（2007）发现调节定向会影响加工环境中刺激的注意分配量。调节定向与刺激不相容时（促进—消极刺激，预防—积极刺激）需要较多的注意。相容的刺激能够很容易地被编码，需要较少的注意资源，因此，相容性任务能够促进次级任务的绩效的提高。

调节定向能够预测加工方式和使用策略的差异，但这多是在个体水平上，在群体水平上会如何？研究发现群体水平具有类似于个体水平的效应。Crowe 和 Higgins（1997）研究表明，调节定向会影响群体成员在认知任务中的反应策略；促进定向的群体偏好于更加冒险的方式（Levine et al，2000），预防定向的群体偏好于安全选项，表现为风险—厌恶。这种与促进、预防定向相联系的反应方式对群体讨论和决策会产生影响（Florack & Hartmann，2007）。

调节定向已被证明可以作为群体水平上的一个有意义的概念，Sassenberg 和 Woltin（2008）提出"有清楚的证据显示调节定向在社会自我的调节中起着重要的作用，群体为基础的自我调节作为一种现象存在着"（Sassenberg & Woltin，2008：155）。研究者把调节定向理论应用到各种形式的群体和团队中（Dimotakis，Davison & Hollenbeck，2012；Meyer，2013）。Burtscher 和 Meyer（2014）研究发现，调节定向对群体决策质量会产生影响，促进调节定向的群体比预防定向的群体能准确地解决更多的决策任务。促进调节定向群组更可能会多分享策略信息（远端信息，distal information），而预防定向的群组则倾向于忽略这些信息。两种定向在处理近端信息（proximal information）上没有差异。通过多中介路径模型分析发现，信息加工中的策略（远端信息）在调节定向对决策质量影响中起着中介作用。他们研究还发现，调节定向对群体成员间的互动也会产生影响。研究者采用滞后序列分析，利用交互软件，分别计算促进定向和预防定向的 Z 分数，用以识别二者互动模式的差异。在促进定向群体组，提起一个策略信息（远端信息）很可能就会引起另一个策略信息的提出。相比之下，在预防定向的群体组则不是如此。另外，两个群体组在关于任务相关信息细化方面也存在着不同。预防定向的群体组不太可能进一步细化先前提及的策略信息，而促进定向组则会进一步细化。由此可见，调节定向不仅影响远端信息的分享，对成员间关于远端信息的反应也有作用。促进条件下的群体比预防定向的群体能做出更好的决策，因为他们倾向于更多地分享远端信息。

（三）调节定向和个体偏好

调节定向是一种动机状态，动机研究区分两种类型的目标：① 理想，与人们的希望，愿望和抱负有关（促进定向）；② 责任，与人们的职责和义务有关（预防定向）。促进和预防两种系统可以在每个人身上独立地存在。每一种调节定向都可以被情境临时性激活，如促进定向可以通过启动"理想"激活，而预防定向可以通过启动"责任"激活。促进定向的个体努力去实现他们的理想和愿望，重视发展和进步的需求，对获益和非获益很敏感；而预防定向的个体努力去履行他们的职责和义务，突出安全性需求，对损失和非损失很敏感（Kirmani，Amna & Zhu 2007；Higgins 1997；Crowe & Higgins，1997）。比如，促进调节定向的个体更看重牙膏的促进性特征信息（如呼吸清新、牙齿洁白），而预防定向个体看重的是预防性特征信息（如口腔预防、菌斑控制）。促进定向主要采用趋近热切的策略，力求获得利益最大化，而预防定向主要采用回避警惕策略，力求回避损失（Pham & Avnet，2009）。研究发现，促进定向的人易聚焦于积极的结果，认为事态处于良性发展，不需要特别的行动（Fredman & Förster，2001），促进诱发的热切使人们寻求风险，产生冲动购买行为（Sengupta，Jaideep & Zhou，2007），偏好享乐性产品（Chernev，2004），在决策中易采用启发式策略（Pham & Avnet，2004）。相反，预防定向的人易聚焦于消极结果，认为有问题会发生，需要采取行动来扭转局面（Fredman & Förster，2001）。结果是，人们会谨慎评估状况，小心翼翼地避免不期望的结果出现（Zhu & Meyers-Levy，2007）。预防定向的人偏好于功能性产品（Chernev，

2004），并在决策中寻求大量的信息（Pham & Avnet，2004）。

人们受目标驱动，一个高阶目标如调节定向能激活不同的心态，影响着判断和决策过程中信息的选择性，如对产品的评价和选择（Lin & Shen，2012）。促进定向与享乐性消费、冲动购买以及创新有关联，而预防定向与功能性消费以及缺少创意有关联（Sengupta 等，2007）。一个具体的信息类型（快乐，情感的、抽象的信息）与一定的调节定向（促进定向）会形成一种匹配，可以产生较强的说服力。Pham 和 Avnet（2004）发现理想的可及性可以增加消费者对广告信息主观情感反应的依赖性，而责任的可及性可以增加消费者对广告信息的实质性内容的依赖性。他们也发现这种现象伴随着对这两种类型信息所感知的诊断性的不同而不同。当启动理想目标时，人们认为主观情感反映的信息具有较高的诊断性，从而在评估判断时对该类信息更加地依赖；当启动责任目标时，人们认为信息的实质性内容具有较高的诊断性，从而在评估判断时对该类信息更加地依赖。

Pham，Tuan 和 Higgins（2005）认为在信息搜寻中，促进定向的个体倾向关注选项的积极信号，而预防定向的个体则易关注消极的信号。有神经科学研究的证据显示了调节定向与信息关注间的联系：在促进定向状态下，呈现积极刺激时，在杏仁核内有更多的激活；而在预防定向状态下，呈现消极刺激时，在杏仁核内有更多的激活（Cunningham，Raye & Johnson，2005）。促进定向的个体更有可能依赖于积极刺激，而预防定向的个体依赖于消极刺激。一项关于选择性信息加工的元分析也表明动机力量（motivational forces）影响选择性信息加工（Hart 等，2009）。这与其他相关的研究是一致的，个体关注与态度、决策相一致的信息而忽略不一致的信息，简化信息判断和评价过程（Sanbonmatsu 等，1998）。

然而，有研究表明，人们偏好与自己的信念、态度和决策一致的信息受信息负荷的调节作用。在信息负荷高时，倾向选择一致的信息进行加工（Fischer，Schulz-Hardt & Frey，2008；Kardes 等，2004）。Fischer 等（2008）研究发现，当信息多于两个时，决策复杂度就会上升，个体偏向于搜寻与决策一致的信息进行加工，从而降低决策的复杂性。Kardes 等（2004）研究表明，相信价格和质量正相关的消费者更可能关注低价格/低质量和高价格/高质量的产品。出乎意料的信息（如高价格/低质量）很可能被忽略了，尤其是在决策很困难的时候。这在 Yoon, Sarial-Abi 和 Gürhan-Canli（2012）的研究中得到进一步的证实：在高信息负荷下，用于判断的信息较分散、复杂，个体倾向简化信息加工过程，选择那些和自己态度、信念和决策等比较一致的信息。所以，人们选择性地依赖与他们调节定向相一致的信息，促进（vs.预防）定向的人较依赖于积极（vs.消极）的信息。而在低信息负荷下，个体有较高的认知能力并想去关注加工不一致的信息。个体可能想表明自己是个公正的决策者和信息加工者（Kunda, 1990）。当信息负荷低时，个体能容易检测出不一致的信息。因此，人们会依赖与其调节定向不一致的信息，预防（vs.促进）定向的个体较依赖积极（vs.消极）的信息。

两种调节定向激活不同的心理状态，产生不同的偏好。处于促进定向的状态时，人们偏好于体验性消费，在消费中注重产品的情感性和享乐性特征。处于预防定向的状态时，人们偏好于基于大量的、实用的信息进行逻辑性思考和决策，在消费中注重产品的实用性特征（Lin & Shen，2012）。研究发现，即使在广告情景中，调节定向和相关的信息类型相匹配会提高信息的说服效果（Sung & Choi，2011）。这在 Roy 和 Phau（2014）的研究中也得到证实，在广告中使促进（预防）定向和意象型（分析型）信息相匹配可以提高广告效果和消费者的购买意图。研究还发现，这种匹配效应以加工的流畅性为中介。此外，不同的调节定向偏好不同的信息类型，促进定向偏好意象型加工风格，而预防定向偏好分析型加工风格。当产品特征与调节定向匹配时，人们对该产品会产生偏好。例如，对于促进定向的人来说，偏好于可以洁白牙齿的牙膏；而对于预防定向的人来说，偏好于可以预防龋齿的牙膏（Wang & Lee, 2006）。

促进定向和预防定向的消费者也有着不同的风险偏好。Chernev（2004）研究发现，预防目标与最初的选项的相关程度大于与新的选项的相关程度，预防定向的个体倾向维持现状，不爱冒险。预防定向的激活使人们倾向于把钱更多地放入保守的金融产品上（如退休账户），而促进定向的激活会使人们更偏爱较高风险的金融选择（如购买股票）（Zhou & Pham，2004）。另外，Mourali

等（2007）发现，随着决策者主导的调节定向不同，他们对折中效应的敏感性也不同。促进定向的个体更可能选择具有高风险的极端选项，而预防定向的个体更偏好较保险和方便的折中选项。调节定向可能会影响对结果合意性和实现的可能性的主观感知（Mogilner，Aaker & Pennington，2008）。预防定向（而非促进定向）的个体会低估极端选项的合意性，高估极端选项的风险性。换句话说，预防定向的消费者倾向于认为折中选项会带来更多的好处，并且风险性也较低。这种现象在 Ryu，Suk，Yoon 和 Park（2014）的研究中也得到验证，他们发现促进定向的个体对结果的合意性（或享乐性）赋予更大的价值，而预防定向的个体对结果的可能性（或风险性）更加重视。

（四）调节定向对控制感的影响

调节定向对人们的思维和行为有着广泛的影响。与预防定向相比，促进定向可以提高控制感（Langens，2007）。促进定向的个体渴望获得理想的结果，这样的结果能引起他们更多的关注，培养了一种高控制感。相反，预防定向的个体对不好的结果保持警惕，这样的结果会引起他们的关注，培养了一种低控制感。调节定向对信息加工的偏差效应（the biasing effect）会影响控制感。Lanens（2007）启动被试的促进和预防定向，让他们玩一种电脑游戏，要求他们移动一个圈。其中有一黄色的方块，它可以代表一个金条（促进定向条件），也可以代表流沙（预防定向条件）。一组被试的任务是把这个圈移向黄色的方块以获得金条，或不移向方块而得不到金条（促进条件）；另一组被试的任务是把这个圈远离黄色的方块以防止流沙（预防条件）。然后让被试报告对这不可控结果的控制感，结果发现，促进调节定向的被试控制感要高于预防定向的被试。

高控制感的人不太可能认为事情是以非线性方式发展的。非线性发展模式比线性模式较难以准确地预测和控制，这与高控制感不相符合。高控制感的人认为趋势反转发展不太可能发生。持续剥脱控制感，导致控制感降低，人们会预期会有较多的趋势反转发展（Zhou，He，Yang，Lao & Baumeister，2012）。Guo 和 Spina（2015）的研究显示，调节定向影响着趋势反转预测。研究者用5

个实验（Study）验证了与促进定向相比，预防定向会减弱控制感，从而预测未来更可能会趋势反转发展。他们的Study1和Study 3揭示了人们若聚焦于预防而非促进目标时，预期趋势反转发展更可能发生。Study 2增加了一组控制组，结果发现预防组的被试比促进组的和控制组的预期趋势反转发展更可能发生。Study 4和Study 5结果表明，预防定向特质的被试有较低的控制感，促进定向特质的被试有较高的控制感。高控制感的被试会预期趋势反转可能性比较小。假如一位总裁正在思考是否要进一步扩大生产规模，关键需要考虑的因素是销售额是否能像过去几年那样保持持续增长，还是开始下滑。在制定决策之前，他聚焦于自己的理想和抱负（启动促进定向），如如何快速实现业务增长、企业规模的扩大方面，或者他聚焦于自己的责任和义务（启动预防定向），如怎样预防市场份额丢失和强劲的竞争对手方面，这两种不同的聚焦可能会对他决策产生不同的影响，与促进定向相比，预防定向使他控制感减弱，倾向于做出较多的趋势反转预测。

第二节 调节匹配理论

一、调节匹配概述

调节定向影响着人们的行为，从目标设置到目标实现。根据自我调节的焦点不同，人们不仅会选择不同的目标，也会采用不同的实现目标的策略，在促进定向下，人们倾向于采用热切的策略去获得成功；在预防定向下，人们倾向于采用警惕策略去履行其职责（Higgins，1997、1998）。在目标追求过程中，当个体行为方式是维系（而不是破坏）当前的调节定向时，即个体分别使用各自所偏好的行为方式时，就形成了一种匹配，称为调节匹配。

调节匹配理论（regulatory fit theory，RFT）是在调节定向理论的基础上发展起来的（Higgins，2000）。该理论关注的是个体调节定向和追求目标的行为方式或策略之间的关系。Higgins（1997，2000）研究发现，促进定向的个体更偏好于使用热切趋近策略，而预防定向的个体更偏好于使用警惕回避策略。这样，促进定向—热切策略与预防定向—警惕策略形成匹配，而促进定向—警惕策略与预防定向—热切策略则不匹配。当个体的目标追求方式支持个体当前的调节定向时，就会出现一种独立于结果价值之外的、基于过程而衍生的附加价值，Higgins 将这种价值称为"源于匹配的价值"（value from fit）。他做过一个有趣的实验，在该实验中有4组被试：促进定向—渴望策略组、促进定向—警戒策略组、预防定向—渴望策略组、预防定向—警戒策略组。其中促进策略是要求被试想象自己选择某个物品时的收获，而警戒策略是要求被试想象自己如果不选择某个物品时的损失。实验任务是要求被试在一款咖啡杯和笔之间做出选择，并且为竞拍该所选物品出价，事实上，由于特殊的实验设计，所有被试选择的都是咖啡杯。但结果发现，匹配组被试的出价比不匹配组高出40%~60%。即匹配组被试对咖啡杯的估价比非匹配组更高。

调节匹配会产生价值，与不匹配相比，匹配会产生一种"价值"，使人们对当前正在做的事情有种"正确感"（feeling right），会更加投入。例如，学生都想获得优异的成绩，促进定向的学生把获得优异的成绩作为一种理想、希望，能满足自己的成就需要；而预防定向的学生把获得优异的成绩作为一种责任或义务，能满足自己的安全需要。为了获得优异成绩这个目标，促进定向的学生采用一种热切的策略，积极地阅读课外材料；而预防定向的学生采用一种警惕策略，认真地完成课堂要求。这两种不同调节定向的学生采用各自偏好的行为策略，达成一种匹配，而这种匹配会产生效应——使他们对当前的学习活动更加投入，学习动机更强。

研究者对调节匹配效应进行了大量的实证研究，取得了丰富的研究成果。Idson，Liberman 和 Higgins（2000）发现，当人们使用的策略和他们的调节定向匹配时，人们会感觉到更有积极性或有动力。也有研究发现，当信息框架和调节定向匹配时，被试更容易被劝说，并对强弱信息辨识能力更强（Aaker & Lee，2001；Lee & Aaker，2004）。在实验室任务下，被试在匹配条件下的绩效要好于不匹配条件下的（Shah，Higgins & Friedman，1998）。而且，人们实现目标所采用的策略和他们的调节定向之间达到的匹配会提升对象的价值感（Higgins et al，2003），提高道德判断的正确性（Camacho，Higgins & Luger，2003），获得更多的支持（Cesario et al，2004）。另外，不同的调节匹配产生的作用也有所不同。Motyka等（2014）研究显示，自我启动和情境启动的调节定向（vs.特质性的）使调节匹配对评价、行为意图产生更强的影响；而特质性的调节定向比启动引起的匹配会对行为产生更强的影响。

那么，匹配是如何产生的？Motyka等（2014）认为，可以使用两种不同的方法产生匹配："保持"（sustaining）和"一致性"（matching）。"保持"是促使"人们从事和他们调节定向一致或不一致的决策过程"中产生的（Aaker & Lee，2006：15-16），强调的是过程中的匹配。在一种条件下（fit），个体追求目标的方式与其调节定向匹配（促进/热切；预防/警惕），在另一种条件下（non-fit），个体追求的目标的方式与其调节定向不匹配（促进/警惕，预防/热切）。而"一致性"是指"具有不同调节目标的人对结果敏感度不同"（Aaker & Lee，2006:16），强调的是与"结果"的匹配。例如，一则消息列举了喝葡萄汁的好处，另一则消息列举了喝葡萄汁的风险，前者呈现给促进定向的被试，后者呈现给预防定向的被试，则会产生匹配效应（Lee & Aaker，2004）。由此可见，匹配可以通过"达到目标的过程"本身得以保持或破坏，若达到目标的方式和目标是相容的（促进定向/热切策略），会产生匹配效应，否则，会产生不匹配。匹配效应也可以通过和"结果"的一致而产生。

关于匹配发生的范围，匹配可以存在于单独的说服任务中（"独立式"的，Hong & Lee，2008），或者存在于整个说服任务过程中（"整合式"的，Mourali & Pons，2009）。独立式匹配是由使用独立的任务启动（Freitas & Higgins，2002），如让被试列举他们希望完成的目标和达到目标的策略。用列举希望/愿望的方法来启动促进定向，或者用列举责任/义务的方法来启动预防定向，接着列举一些确保事情顺利发展的策略（热切策略）或者确保不出差错的策略（警惕策略）。两种定向和两种策略就产生了两种匹配（促进/热切，预防/警惕）和两种不匹配（促进/警惕，预防/热切）。这些匹配或不匹配与接下来的任务或情境无关，但对后续的任务或情境会产生延续的影响。很多研究中都使用了这种独立的调节匹配的操作方式（Cesario et al，2004；Freitas & Higgins，2002；Higgins et al，2003）。

整合式匹配是在实际任务中进行启动，把任务表征为与个体目前的聚焦点或关注对象或任务结果相匹配（Cesario et al，2004；Lee & Aaker，2004）。如 Avnet，Laufer 和 Higgins（2013）采用的是整合式匹配，先用标准化的程序启动两种调节定向（Liberman，Idson，Camacho & Higgins，1999；Pham & Avnet，2004）。让促进定向条件下的被试想一想他们过去的希望、愿望和梦想，并列举出其中的两个，接着让他们思考现在的希望、愿望和梦想，也列举出两个。让预防定向条件下的被试思考他们过去的职责、义务和责任，列举出两个，接着让他们思考现在的职责、义务和责任，也列举出两个。然后向被试呈现一则关于轮胎公司（"明星轮胎"）虚构的新闻，该公司正在接受消费者协会调查，因为有许多汽车事故和该公司生产的轮胎有关。关于该公司在事故中承担的责任，这篇文章并没有明确结论。该公司对于调查的回应也包含在文章中。采用两个不同版本的公司的回应来操作匹配或不匹配。在预防—匹配信息框架条件，内容如下："'明星轮胎'发表声明，认为事故可能是因为消费者维修不当造成的，公司发言人说'为了防止事故的发生，我们建议驾驶员不要使用已经行驶50000英里以上的旧轮胎。未能及时取代旧轮胎可能会导致故障，会给汽车行驶带来安全隐患'。"在促进—匹配信息框架条件，内容如下："'明星轮胎'发表声明，认为事故可能是因为消费者维修不当造成的，公司发言人说，'为了确保安全行驶，我们建议驾驶员更换行驶超过50000英里的旧轮胎，使用新轮胎可以提高汽车的整体驾驶性能'。"研究者通过操作信息框架和被试调节定向的不同组合来启动匹配或不匹配。

　　在整合式调节匹配中，与个体调节定向匹配的行为方式是目标任务本身的一部分，而在独立式匹配中，与个体调节定向匹配的行为方式是独立于任务目标的。Koenig等（2009）提供了整合式匹配不同于独立式匹配的证据。他们发现独立式匹配影响信息加工而整合式匹配不会。在被试信息接收前先诱发调节匹配（即独立式匹配），这种匹配导致较低水平的精细加工，而不匹配导致较高水平的精细加工。然而，整合式加工匹配效应则出现了反转（Cesario et al，2004）。Motyka等（2014）研究显示，整合式匹配比独立式匹配会对评价和行为意图有更强的匹配效应。相反，独立式匹配比整合式匹配会对行为产生更强的调节匹配效应。他们认为整合式匹配与评价、行为意图的测量在时间上更加接近，从而降低了情境因素干扰调节匹配效应作用的可能性。而独立式匹配的较少的意识状态可以解释产生更强的行为效应，是一种更加自动化的过程。Koenig等研究表明匹配本身的诱导方式会改变个体的信息加工，进而可能会进一步改变他们的行为。但是目前对独立式和整合式匹配效应机制还不是很清楚，独立式匹配与整合式匹配的各自影响是值得进一步研究的一个重要课题。

二、调节匹配的应用领域

学者在很多个领域里探讨了调节匹配效应，比如判断物品的价格（Higgins et al，2003），或者评估信息的说服力度（Koenig et al，2009）。调节匹配会对信息加工、决策、动机和说服等领域产生广泛的影响。下面，我们对调节匹配的应用情况的相关研究进行论述。

（一）信息加工、决策领域

调节匹配对信息的加工深度有影响。调节匹配带来的正确感可以产生一种信号——事情发展顺利，没有必要对想法和行为进行深度加工。因此，在调节匹配的条件下，正确感会使人们对说服信息进行浅层次的加工（Petty & Wegener，1998）。相比较之下，人们对调节不匹配产生的错误感进行错误的归因，这种错误感会产生另一种信号——有问题存在，需要仔细考虑想法和行为。因此，在调节不匹配的情况下，错误感会使人们对说服信息进行深层次加工。

Koenig等（2009）探讨了来源于调节匹配的"正确感"和来源于调节不匹配的"错误感"对人们说服信息加工方式的影响。研究发现调节匹配可以增加对信息来源的依赖，降低对反说服信息的抵制，易加工线索影响着被试的态度，调节非匹配减少了易加工线索（即信息来源）的使用。不过，上述调节匹配效应的产生需要个边界条件——信息内容和被试的相关性较低，即低投入程度。在匹配的条件下，这种低相关使人们态度的形成是基于一些易加工的线索。而在调节非匹配的情况下，被试的态度不受信息来源的影响，来自非专家的信息被解读为是需要更加彻底加工的证据（Vaughn，O'Rourke et al，2006）。总之，在调节匹配时，人们的态度依赖于易加工的说服线索，而这种启发式线索效应在调节不匹配的情况下会消失。调节不匹配可以增加对论证强度的依赖，提高对反说服信息的抵制，不容易被说服。调节匹配能诱发对信息进行浅加工，调节不匹配能诱发对信息进行深加工。在说服信息前诱发调节非匹配，信息论点强度（较难加工的线索）会影响被试的态度，而在说服信息前诱发调节匹配，信息论点的强度不会影响被试的态度（Koenig et al, 2009）。

调节匹配还进一步阐释动机和情绪在决策中的交互作用（Higgins, 2000）。与不匹配相比（如促进定向与警惕回避策略、预防定向与热切趋近策略），匹配（如促进定向与热切趋近策略、预防定向与警惕回避策略）会使个体感觉到追求的目标价值在增加，带来积极的心理和行为效应。人们处于沮丧情绪中时，他们采用热切追求目标策略，调节匹配便发生了，这时人们更倾向于冒险，因为这些能更好地服务于他们的动机取向——降低沮丧感，获得奖励。同样，人们处于焦虑不安中时，他们采用警戒（回避）的策略，调节匹配也会发生，这时人们规避风险，因为这种匹配能更好地服务于他们降低焦虑情绪的动机取向。

（二）态度说服领域

调节定向理论在理解说服框架效应中有着很大的影响力（Malaviya & Sternthal, 2009）。信息有不同的框架，有强调潜在收益的，有强调潜在损失的。信息接受者可能会追求不同的目标，他们可能关注收益，或尽量避免损失。如果信息的措辞与接受者追求的目标相符合的话，信息的说服力效果较好，更有激励作用（Spiegel, Grant-Pillow & Higgins, 2004）。Holler, Hoelzl, Kirchler, Leder 和 Mannett（2008）也发现在调节定向和信息框架之间存在着交互作用，如果信息是关于充足的税收预算带来的好处，则会使促进定向的人们更愿意服从纳税；如果信息是关于税收预算不足所导致的危险，则会使预防定向的人们更愿意服从纳税。可见，信息框架和个体的调节定向达成匹配可以提高说服效果。

在促进定向条件下，理想自我（希望、愿望）被激活，人们会为达到这些理想的目标而采用热切的策略。在预防定向条件下，应该自我（责任、义务）被激活，这会驱使人们采用警惕的策略，回避任何可能妨碍人们完成自己义务的障碍。促进定向使人们对"获得"相关的结果比较敏感,这种结果包括获得和非获得两种情况。而预防定向是人们对"损失"相关的结果比较敏感,这种结果也包括两种情况——损失和非损失。学者把这种对于不同结果的敏感性差异运用于说服信息框架研究中。如一个描述具体行为的信息("吃蔬菜")可以产生促进相关的结果("提供营养"),也可以产生预防相关的结果("预防动脉堵塞")。前者可以被表征为一种"获得"。而后者被表征为一种"非损失"(Cesario et al,2013)。鉴于信息的内容表征可以引起接受者不同的调节定向,而不同调节定向的人对积极的和消极的信息敏感程度不同,调节定向理论可以被用来预测每一种信息表征在什么时候、对什么样的人最有效。Cesario 等提出,如果不考虑信息框架和信息接受者调节定向(状态的或特质性的)的关系,那么就没法了解信息框架操控的效果。在一则信息中,可能存在不同水平的表征。那么,自我调节如何和信息表达框架融合?可以参照表2.1。

表2.1　自我调节框架不同水平举例

水平	聚焦的问题	表征是根据……	操作的具体形式
Ⅰ.享乐结果(he-donic consequences)	行为的享乐性结果是什么?	坚持行为的快乐	"如果你遵从建议,你将获得快乐"
		不坚持行为的痛苦	"如果你不遵从建议,你将经历痛苦"
Ⅱ.结果的敏感性(outcome sentivities)	快乐和痛苦是什么?	快乐:存在积极结果(获得,gains)	"如果你遵从建议,你将获得积极的结果"
		痛苦:不存在积极结果(非获得,non-gains)	"如果你不遵从,你将错失积极的结果"
		快乐:不存在消极结果(非失去,non-loss)	"如果你遵从,你将避免消极的结果"
		痛苦:存在消极结果(失去,loss)	"如果你不遵从,你将经历消极的结果"

续表

水平	聚焦的问题	表征是根据……	操作的具体形式
Ⅲ.调节聚焦（regulatory concerns）	关心哪种结果？	满足成长和培养需要	"如果你遵从建议，将满足你成长的需要"
		满足安全和保障需要	"如果你遵从建议，将满足你安全的需要"
Ⅳ.追求目标策略（goal-pursuit strategies）	采用什么策略？	热切趋近策略	"确保达到目标的每件事发展顺利"
		警惕回避策略	"回避阻碍目标实现的任何事情"

注：源自 Cesario 等，2013。

不可否认，以前的大多数关于框架信息的研究可以捕捉到框架操作中"坚持行为的快乐"和"不坚持行为的痛苦"的区别，但这不是实际的损益本身，它们是基于"获得/损失"框架，是从基本概念水平上去表征信息，但没有考虑到行为的结果类型，这种注意的欠缺表现在两个水平上：缺乏调节聚焦和结果的敏感性（见表2.1，Cesario et al，2013）。举个例子，如锻炼可以被描述为引起成长相关的结果（更好的发展）或者安全相关的结果（较强的免疫系统），若根据当前的信息框架的描述，两者对于框架效应影响没有差异。但这两者调节聚焦是不同的，从而能启动不同的调节定向，前者启动的是促进调节定向，后者启动的是预防调节定向。这两种定向对积极的和消极的信息敏感程度是不同的，它们影响了"获得"和"损失"框架的有效性。聚焦点的忽略可能是引起前人关于框架效益结论不一致的一个因素。

对结果敏感性存在着不同的水平，比如，一个"非损失"框架的信息表述为"如果你锻炼，你将降低心脏病的概率"，一个"损失"框架信息表述为"如果你不锻炼，你将不能保护自己免受心脏病的侵袭"，这两种描述都强调的是安全问题（启动预防定向），损失框架的信息说服效果较好。而若强调成长和发展的问题（如一个更强壮的、更健康的身体），启动的是促进定向，"获得"框架的信息说服效果较好。研究者很少关注积极结果的存在和消极结果的不存在（"获得"和"非损失"）以及积极结果的不存在和消极结果的存在（"非获得"和"损失"）之间的区别。忽略结果敏感性水平也是当前框架效应相关研究结论较混乱的来源之一。前景理论一般也无法解释不同调节聚焦的作用，除非这些聚焦能启动感知目标行为的风险高低的变化。

Cesario等人在研究中（Study 3）模拟购买行为，以愿意支付的价格作为信息说服效果的一个指标。在该实验中，有一瓶500毫升的漱口水放在被试面前，接着向被试进行一个简短的关于口腔卫生重要性的说明。然后，要求被试想象在一个商店里，持有5美元，让被试决定买这瓶漱口水愿意支付多少钱？在依从快乐组（the pleasure of adherence）的指导语是"仔细考虑一下，若买了这瓶漱口水的话，将会得到什么?"不依从痛苦组（the pain of non-adherence）的指导语是"自己考虑一下，若不买这瓶漱口水的话，将会失去什么?"该实验结果发现，根据信息接受者调节定向的不同，框架效应出现相反的结果。对于促进定向的被试来说，坚持一种行为带来的快乐的信息表征（或者可以称为"获益框架"）说服效果较好，而对于预防定向的被试来说，"获益框架"的信息说服力较弱，但表征为不做某种行为带来的痛苦的信息（"损失框架"）说服力较强。他们研究也发现，结果的敏感性和调节定向对信息说服效果有影响（Study 4）。自变量是2（调节定向：促进、预防）×2（结果的敏感性：存在积极结果，不存在消极结果）。结果发现，在调节定向和框架结果敏感性之间存在交互作用。促进定向的被试在信息表征为积极结果存在时，比消极结果不存在时愿意支付更高的价格（差异显著）。相反，预防定向的被试在信息表征为消极结果不存在时比积极结果存在时，愿意支付较高的价格（但差异不显著）。结果敏感性的不同水平在以前文献中没有得到足够的重视，事实上，它们对于不同调节定向的接受者信息说服效果可能出现相反的结果。这应该引起后续研究的关注。研究者建议在以后的信息框架研究中使用快乐/痛苦术语，而不要使用诸如"获得/损失""积极/消极"的字样。原因可能有两个：① 使用"获得/损失"会掩盖一些重要的差异，如它会把积极结果的存在和消极结果的不存在都等同于"获得"；② 使用"获得/损失"术语会和前景理论中的风险选择框架这类信息相混淆（Levin et al，1998）。

　　调节匹配的正确感和不匹配的错误感对说服效果有影响（Cesario et al，2004；Lee & Aaker，2004）。如前所述，有两种不同的匹配，一种是整合式的，一种是独立式的。整合式匹配或不匹配是说服诉求本身内生的，信息以与接受者目前的动机聚焦相匹配或不匹配的形式进行表征（Cesario et al，2004），正确感或错误感是产生于说服诉求本身的特征（Cohen，Pham & Andrade，2008）。独立式匹配或不匹配是在说服信息以外产生的，这种由先前的、无关的情境诱发的正确感或错误感影响着随后的说服诉求的评价（Cohen et al，2008）。Cesario 等（2004，Study 3）开发了启动独立式匹配或不匹配的方法，在说服诉求呈现之前先进行一个"无关实验"。首先，让被试列举成长性的或安全性的个人目标，接着描述实现这些目标的方式，一种是热切的方式（"确保一切顺利进行"）；另一种是警惕的方式（"避免错误发生"），然后，向被试呈现一个说服诉求。研究发现与独立式非匹配（如成长/警惕策略或者安全/热切策略）条件相比，独立式匹配条件下（如成长/热切策略或者安全/警惕策略）的人们呈现出更加积极的态度。Cesario 等人证实了一种错误归因的机制，即调节匹配产生的正确感可以迁移到随后的说服情境中，这样使接受者对这个说服诉求的内容产生了一种正确感（Higgins et al，2003）。

　　（三）调节匹配与动机、自我调节

　　调节匹配使人们对于正在做的事情产生一种"正确感"，从而强化了他们的动机（Higgins，2000）。当人们体验着调节匹配时，他们对手头的任务卷入程度更高，动机更强（Idson，Liberman & Higgins，2000）。若人们变得更有动力，那么目标的吸引力就会放大，或者对目标的排斥力也会放大（Higgins，2006）。也就是说，如果目标是积极的，调节匹配会增强吸引力的强度；如果目标是消极的，调节匹配会增强厌恶的强度。与之类似，研究也发现，调节匹配会提升人们的不同任务的绩效（Shah，Higgins & Friedman，1998；Spiegel，Grant-Pillow & Higgins，2004）。例如，Spiegel 等（2004）让被试想象他们写一份报告的实施步骤，要求用热切的或警惕的策略来写这些步骤。若完成报告的实施步骤策略和被试的调节定向匹配的话，有超过50%的被试可能会及时提交报告，超过了不匹配的条件下的人数。研究也发现，向被试呈现与之相匹配的信息而不是非匹配的信息时，对强弱信息间的论证的辨别力会更高（Aaker & Lee，2001），并能产生更多的支持性的论证（Lee & Aaker，2004）。

Hong 和 Lee（2008）探讨了调节匹配的迁移效应（carryover effects），认为调节匹配和不匹配会超越目标任务本身对随后的任务产生影响。与任务相关效应不同，迁移效应来源于一些偶然的暴露或情景因素，类似于背景音乐（Lerner，Small & Loewenstein，2004），一般很难对其产生防备心里，人们会无意识地受其影响（Han，Lerner & Keltner，2007）。调节非匹配的负面效应是因为人们的自我调节可能无意识地削弱了目标追求策略。

Hong 和 Lee（2008）也发现，调节匹配有助于自我调节。他们通过 4 个实验，用不同的调节定向启动形式：Experiment 1、2 和 4 通过实验任务启动情境性调节定向，Experiment 3 通过测量特质性的调节定向与评价一则广告方式来启动；并采用不同的自我调节任务——Experiment 1 是关于生理忍耐力的（关于握手柄的持续时间），Experiment 2 和 3 是面对诱惑时的抵抗力，以及 Experiment 4 是关于一种疾病的检查。通过这多种方法和多种任务提供了调节匹配有助于自我调节的汇聚证据。Experiment 1 表明被试在调节匹配条件下，在想法抑制时后面握手柄的绩效高于前面的，表明调节匹配可以克服自我调节资源损耗，有助于自我调节。Experiment 2 和 3 表明在调节匹配的条件下，人们更可能抵抗诱惑；而在非匹配的条件下，人们可能会屈服于诱惑。Experiment 4 是探讨调节匹配对体检（肝炎检查）自我调节的影响，研究发现与非匹配条件相比，在匹配的条件下，被试显示出较高的检查意愿，并发现强化动机起着中介作用。另外，研究也发现，调节匹配和疾病感知风险的交互作用也显著，在被试感知的是高风险时，调节匹配并没有提高检查意愿，然而，在被试没有感觉到风险时，匹配比非匹配条件下显示出较高的检查意愿。这与 Wang 和 Lee（2006）的研究结论是一致的，在低卷入条件下，调节匹配对说服有影响；而在高卷入条件下，调节匹配对说服作用不显著。另外，研究也发现，促进调节和预防调节二者匹配效应没有差异（Hong & Lee，2008）。

三、调节匹配的机制

如前所述，调节匹配对信息的说服效果有影响。当信息框架和个体的目标取向匹配时，信息的说服力会增强（Cesario et al，2004；Lee & Aaker，2004）。不过，也有研究发现，如果对信息的反应是消极的，匹配可能会降低信息说服效果，如 Cesario 等（2004）测量被试对中等程度的说服信息的看法，发现在匹配（vs. 非匹配）的条件下，当被试对该信息看法积极时，信息说服力比较高；当被试对该信息看法消极时，信息说服力比较低。为什么结果会不一致呢？有必要考虑一下匹配效应背后的潜在机制是什么。

Motyka 等（2014）在元分析中发现，不少学者在探讨调节匹配效应时引入了投入（involvement）这个变量。一些研究表明，当个体投入度较低的时候，或者说是对任务的关注度较低的时候，调节匹配效应最有可能发生（Koenig et al，2009；Lee et al，2010）。Wang 和 Lee（2006）研究发现，在低投入条件下，被试会选择与他们调节定向相匹配的信息进行加工，与调节定向相关的产品特征的吸引力在调节匹配对评价的影响中起着中介作用。也就是说，被试对于与他们调节定向匹配的产品特征赋予更高的权重。但是在高投入的条件下，这些效应都消失了。研究者认为调节匹配对评价的效果可能是来源于匹配信息的正确感和加工流畅性，在低投入条件下，被试没有意识到他们对信息的反应受一种潜在偏见的影响，他们采用的更多的是启发式而不是系统性信息加工方式；而在高投入条件下，被试有可能意识到了自己对信息的正确感是一种潜在偏见反应，从而自动纠正了这一偏见。即投入可以作为调节匹配效应的调节变量，这个发现与在认知资源有限的条件下进行选择性注意是一致的。

调节匹配效应的出现可能是因为人们在匹配的过程中产生了"正确感"（Lee & Aaker，2004；Cesario et al，2004；Higgins et al，2003）。"正确感"是指人们在决策或选择时采用与其目标相匹配的策略时的一种体验。Avnet，Laufer 和 Higgins（2013）认为调节匹配通过两种不同的"正确感"影响说服效果：一种"正确感"也可以看作"对目标感觉良好"效应，它是一种积极的情感，并能够将这种积极性直接转移到目标上，类似于"情感信息"或者流畅性效应；另一种"正确感"，也可以看作"对于评价感觉自信"效应，它是关于评价判断的一种自信感，使对自己判断的信心增加。在信息说服过程中，研究者认为与态度相关问题的投入程度是一个关键的因素，它决定着这两种效应什么时候会发生。结果发现在低投入水平下，产生了第一种"正确感"，调节匹配会使人们产生更好的体验，从而产生积极化效应（the effect of positivity）——无论原来对目标的评价是积极的还是消极的，调节匹配都会增加对目标的积极情感，使评价更加趋向于积极。而在高投入条件下，产生了第二种"正确感"，调节匹配会使人们对自己原来的评价更加有信心，产生判断的极化效应（the effect of polarization）——原来对于目标的积极评价会变得更加积极，原来对于目标的消极评价会变得更加消极。

可见，投入的程度影响着"正确感"的类型，投入是影响调节匹配产生的是情感迁移还是信心增加的一个关键因素。当人们投入度较高时，他们更在意他们自己的评价，会采取更加认真的态度。调节匹配会使人们对自己的判断更有信心，而不是感觉良好，这在 Briñol，Petty 和 Barden（2007）的研究中也得到证实。相反，在低投入条件下（任务不重要时），对于判断的自信水平不很重要了，调节匹配这时带来的是感觉良好而不是感觉自信。

调节匹配产生的主观体验（"正确感"），它与加工的流畅性或容易性以及确定感或正确性有联系。相比之下，调节不匹配的主观体验是关于正在做的事情的一种"错误感"，它与加工的不流畅性或难以加工以及缺少信心或正确性有联系（Camacho et al，2003；Cesario et al，2004；Higgins，Idson，Freitas，Speigel & Molden，2003）。主观体验可以作为一种隐含的信号，使人们体验到他们的即时目标是否能够得到满足（Pham，2004）。若有确定的、轻松的或积极倾向的感觉，这则是一种信号，显示追求目标的过程是顺利的，没有障碍，可以对输入的信息进行浅层次加工。也就是说，积极的体验可以降低对信息进行精细加工的需求。相反，若有不确定的、不轻松的或消极倾向的感觉，这则是另一种信号，显示追求目标过程中遇到了障碍，这意味着需要对输入的信息进行深层次的加工。

主观体验不仅影响着信息的加工方式，也影响着态度形成。例如，在说服信息呈现之前诱发积极情绪时，人们对信息只是浅加工，在这种情况下，态度很容易发生改变，与信息本身的内容或观点没有关系。与之不同的是，在说服信息呈现之前诱发消极情绪时，人们的态度很容易受到一些较难加工的信息的影响，如信息论据的强度（Bless，Bohner & Schwarz，1992）。其他研究也发现有类似的结果，与确定感相关联的情绪（如满足或愤怒）使人降低对信息加工的需求，依赖于一些容易加工的线索，如信息的来源；而与非确定感相关联的情绪（如惊讶或悲伤）使人增加对信息内容进行深加工的需求（Tiedens & Linton，2001）。

综上所述，调节匹配或不匹配诱发的正确感或错误感可以作为一种信号，使人们感觉到他们的即时需要或目标是否能够得到满足或实现，影响着人们对不同信息加工线索的依赖性，即若是由调节匹配产生的正确感，则会使人依赖于容易加工的线索，进行浅加工；若是由调节不匹配产生的错误感，则会使人依赖于较难加工的线索，对信息进行深加工。Vaughn 等（Vaughn，O'Rourke et al，2006）提供了与之相一致的研究证据，在他们的一系列实验中，如在印象形成的实验任务中，调节匹配条件下的被试将比不匹配条件下的被试花费较少的努力来调整他们的第一印象，对信息进行较少的处理；在问题解决的实验任务中，经历调节匹配的被试比经历调节不匹配的被试会做出更快的判断，他们很快地完成并较快地脱离开任务。

四、被试的性质与调节匹配

被试的性质，分为学生群体还是非学生群体。虽然被试变量不对调节匹配产生直接的影响，但仍可能对其产生一些作用。年轻的学生群体判断时更纯粹地受其态度驱动，受社会规范阻碍的较少，所以调节匹配效应更强。相反，年龄比较大的非学生群体只有具有坚定的信念和坚强的意志，调节匹配效应才比较强。另外，线上的研究也越来越多，学者们想探讨线上和教室或者实验室里的调节匹配效应差异，在相对比较孤独的线上环境，被试可能会基于他们的态度进行判断，并表现出较强的匹配效应。相反，在线下，研究助手和其他的被试都有可能激发社会规范，这有可能会降低调节匹配的效应（Motyka et al，2014）。

第三节　情绪即信息

历史上早期的各种社会科学理论曾假定人们的判断是基于信息的内容。然而，在过去三四十年里大量的心理学研究对这个假设提出了挑战，认为人们判断的形成不仅基于内容信息，而且也基于情感信息，即处于积极的还是消极的情绪状态中，对于目标是抱有积极的还是消极的情感，在回忆某些信息时，是感觉到轻松还是困难。关于情绪—认知关系的研究围绕着两种主题：一种是把情绪反应看作是一种有价值的信息，并可以直接影响我们的判断和决策——情绪影响着我们想什么，例如，如果我们对一件物品感觉比较好，我们会比感觉不好时更喜欢它；另一种是情绪影响着我们的思维方式，在这种情况下，情绪影响着我们如何想。根据情绪即信息模型，情绪的感觉是关于无意识评估的有意识信息。正如情绪的面部表情为他人提供了情绪性信息一样，情绪性的感受也为自己提供了情绪性信息，具有重要的反馈功能，在判断和认知的过程中起着关键性的作用。接下来，我们对情绪即信息的相关研究进行梳理。

一、情绪即信息的提出

Schwarz 和 Bohner（1996）提出情感信息模型（affect-as-information model，AAI），认为情绪可以提供与当前可及的倾向和认知相关的信息，人们利用情感信息进行"有颜色"的判断，从而形成复杂的评价体系，影响着人们随后的态度和行为。情绪即信息的一个原则是信息是由情绪传达的，它对判断和认知加工的影响依赖于情绪的体验是如何归因的。例如，情绪对评价判断的影响取决于当前的情绪是否是判断对象的一种反应。在 Schwarz 和 Clore's（1983）的经典的研究中，人们把天气诱发的情绪作为评价生活满意度的一个因素，人们在晴天时评价他们的生活满意度高于在雨天的时候。然而，如果在实验开始时问被试天气如何，他们倾向于把情绪归因于天气的原因，情绪就不会作为生活满意度的相关信息被体验。重要的是，询问天气并没有改变被试的情绪，只是改变了他们的情绪是和什么有关的想法。

一些研究也发现了情绪对认知产生了同样的作用，例如，Gasper（2004）

发现快乐和悲伤的情绪调节着知觉焦点（perceptual focus），但这只发生在被试感觉到情绪是和当前的任务相关的时候。当感知情绪线索和任务无关时，情绪对知觉焦点的作用会消失。同样，Beukeboom 和 Semin（2006）发现当被试情绪归因于情绪诱发时，情绪诱发的使用抽象性和具体性的语言差异则会消失。

　　情绪即信息指出一种特定情绪具有当前目标任务的信息性价值。当情绪是由判断目标诱发时（整合的，integral），它提供的信息是有效的。但是，当情绪是由于其他一些来源产生时（偶然的，incidental），它提供了（可能）误导人们的信息，使人们仍把情绪和目标任务联系起来。人们对情绪比其来源要敏感得多，通常假定现在的情绪、头脑中的想法与自己关注的事物是相关联的（Higgins，1998），他们可能把感知的偶然的情绪和判断的目标相关联，除非他们注意到情绪来源。

　　虽然情绪影响判断是毋庸置疑的，但是目前关于这个影响过程的看法还不一致。情绪影响判断的过程有两种说法（Forgas，1995）：一种是情绪信息说，这种说法认为情绪从本质上而言就是一种信息来源，是人们在形成判断时所依赖的体验性信息。当个体对目标刺激进行判断时，会问自己一些问题，比如"我对于它的感觉如何？"然后根据这些体验性信息形成各种各样的判断。因此，情绪可以作为"内部信号，能够提供意识层面的、可用的反馈"（Clore，Wyer et al，2001:30）。Pham（2004）对情绪信息持有以下的看法：判断以情绪为基础；情绪直接影响着判断；判断对情绪的依赖是一个推理的过程而不是一个完全自发的过程。另一种是启动说，认为情绪对判断的影响是通过浮现在脑海中的内容实现的（如 Bower，1981；Forgas，1995）。这种学说认为情绪是认知的一个组成部分，它能激活和其一致的概念或记忆，这种被激活的信息内容会整合到判断评价中。这种学说认为情绪对判断的影响是间接的，以信息内容的激活为中介，判断的过程不是基于情绪而是基于信息内容。可见，情绪对判断的影响，两种观点看法不一：情绪信息说认为是通过体验性信息直接产生影响，而启动说主张是通过激活信息内容产生间接影响。Forgas（1995）把这两种学说整合为一个多过程模型——情感输入模型（affect infusion model），认为这两种看法是可以共存的和相互补充的，彼此并不矛盾。

二、效价信息

情绪效价有积极和消极之分，大多数关于情绪对判断、行为的影响的研究主要集中在效价上（Perugini & Bagozzi，2001）。例如，Isen 和 Daubman（1984）研究发现，与中性情绪相比，积极情绪能使人们形成更加广泛的范畴和类别。如可能把非典型的范例（拐杖）列为一般的范畴（服装）。该研究也发现，积极情绪能够使人们发现不同刺激之间的关联。一些关于创造性问题解决的研究也支持这种观点。例如，与消极的或中性的情绪相比，积极情绪下人们的远距离联想测验成绩比较高。在情感信息模型框架下的研究发现，人们在快乐的时候比悲伤的时候更倾向于积极的评价。效价是情感的核心的因素，消极的情绪会使人更加悲观或评价判断更加消极，而积极的情绪使人形成更加有利的态度或进行更加积极的判断（Forgas，1995）。

情绪体验具有高度的适应性，能传达重要的、有意义的信息。与这个观点一致，Schwarz 和 Clore（2007）认为情绪通过向个体提供关于环境的信息可以直接指导认知过程。情绪有不同的认知效应，积极情绪可以使人们注意范围扩大（Rowe，Hirsh & Anderson，2007）、关注全局（Fredrickson & Branigan，2005）、启动式加工（Schwarz & Clore，2007），依赖于分类别的信息。消极情绪可以引起人们注意范围缩小、关注局部，进行系统性或精细化加工，依赖于详细的信息。例如，人们处于快乐情绪（vs悲伤或中性情绪）时更可能使用刻板印象和个性特质形成印象（Isbell，2004）。与悲伤的个体相比，快乐的个体更可能使用抽象的语言去描述行为、事件和他们自身（Beukeboom & Semin，2006）。采用错误记忆范式，Storbeck 和 Clore（2005）研究发现，人们在快乐时比在悲伤时更可能错误地识别先前呈现的单词，如果他们和这些单词有关联的话。也就是说，当输入的信息和记忆中激活的信息有关联时，快乐的情绪比悲伤的情绪使人们更可能卷入关系模式处理中。

情绪影响信息的加工，这已被大量的研究所证实。但情绪的信息是如何影响行为的？从情绪即信息的视角，Carver（2003）对情绪和行为之间的关系提出了一些见解，认为人们会调整自己的行为，以减少实际自我和理想自我的差异。消极的情绪表明目标进展情况还存在着不足，需要增加行为努力程度来减少这种差异。Foo等人发现，消极情绪使企业家把更多的精力花在当前需要关注的工作任务上，他们也发现，消极情绪也可以增加对未来任务投入更多的精力。根据情绪即信息理论，积极的情绪显示一切进展顺利，可能会减少行为努力。但积极情绪也可能进一步促进行为，因为积极情绪信息也可以作为一种激发主动行为的信号（Foo，Uy & Baron，2009）。主动行为是个体采取的一种预期性行为，可以影响自身和周围的环境（Grant & Ashford，2008）。Foo等人认为，积极情绪对努力的影响会超越当下，增强了未来时间的聚焦。未来时间聚焦（Future temporal focus）反映了个体注意未来的程度。积极的情绪影响未来时间聚焦有两个原因：一是因为积极情绪显示目前一切都很顺利，环境是安全的（Fredrickson，2001），这种情况允许人们超越现在，卷入面向未来的思考中（Raghunathan & Trope，2002）；二是因为积极情绪扩大了关注的范围（Fredrickson & Branigan，2005），这种较广泛的注意范围使人们关注到此时此地之外的未来的可能。

根据情绪即信息模型，Koo，Clore，Kim和Choi（2012）探讨了韩国人和美国人的情绪是如何促进或抑制文化主导的推理方式。他们提出假设：积极情绪可能促进文化主导的推理方式，而消极情绪可能抑制文化主导的推理方式。并通过两个实验验证了该假设，积极的情绪具有类似于"前进"（"go"）的信号功能，而消极的情绪具有类似于"停止"（"stop"）的信号功能。与悲伤的情绪相比，具有积极的情绪时韩国人更倾向于采用整体式推理，而美国人更倾向于采用分析式推理。文化差异在积极的情绪下会加大，而在消极的情绪下，文化差异趋向于减少或消失。

积极的和消极的情绪对人们存在着不同的影响，人们从能力和动机视角对此做出一些解释。基于Bower（1981）的联想网络模型，情绪可以启动记忆中相似效价的信息，一些学者认为积极的情绪比消极的情绪能激活记忆中更多的信息。根据这种观点，人们在积极的情绪时可能会限制认知资源的使用，而依赖于刻板印象、启发式和其他的简化策略（Mackie & Worth，1989）。虽然一些研究证实了这种观点，但也有其他的研究表明消极的情绪会降低或限制注意资源（Ellis & Ashbrook，1988）。在不同的限定条件下，这两种情况都可能是正确的，能力视角的解释不足以阐释研究中出现的不一致的情况。

能力和动机解释模型主张在认知加工中情绪具有不同的直接影响。与这个视角不同的是，情绪即信息的模型认为情绪所提供的信息是关键因素，而不是情绪本身。这些来自于情绪的信息取决于情绪看起来与什么相关联。早期的情绪即信息概念模型专门指情绪影响着判断，认为情绪性感觉作为评价判断的一种输入，积极的情绪比消极的情绪会使人倾向于更加积极的判断（Isbell & Lair，2013）。这个早期的模型后来在解释认知加工差异中得到了扩展。情绪功能理论认为情绪具有信号功能，可以适应性地指导我们的行为。通过提供给我们心理环境的信息，情绪线索可以同样有助于指导我们的认知加工（Schwarz & Clore，2007）。根据这种观点，消极情绪显示有问题存在，从而引发更加谨慎的、精细化的和从下而上的加工，试图去解决这个问题。相反，积极的情绪是拥有一个安全的、良好的环境的信号，并不需要认真详细的处理，在这种情况下，个体更可能依赖启发式的、自上而下的加工。

三、确定性和激活程度信息

早期的 AAI 理论关注以效价为基础差异，后来该理论得到进一步发展，对不同的、具体的情绪进行了区分。例如，害怕情绪是一种不愉快的体验，产生于不确定的和无法预测的评价中。相反，愤怒虽也被界定为一种不愉快的体验，但产生于确定的、可预测的评价中（Lerner & Keltner，2001）。可见，一种情绪体验除了效价以外，还有其他评价维度被激活（如"确定性"），可以延续并带入随后的心理活动中。这些情绪维度也具有信息的功能，影响着随后的判断和认知加工过程（Schwarz & Clore，2007）。换句话说，即使相同效价的情绪，其所具有的信息功能也可能不同。Parker 和 Isbell（2010）发现害怕、悲伤和愤怒具有相同的效价，都是面对不愉快事件的一种反应，但害怕和悲伤（而非愤怒）倾向于伴随着一种不确定感。人们在害怕时比在愤怒时会更仔细地加工信息，害怕和悲伤会对说服信息进行系统化深加工，在决策时更加依赖详细的信息。

不同效价的情绪体验也有可能在确定性评价方面是类似的，产生类似的信息功能并带来类似的加工效应（Tiedens & Linton，2001）。如快乐和愤怒时，人们更依赖刻板印象和整体性特质作为形成印象的基础（Isbell，2004），依赖于当前易获得的一些脚本信息（Tiedens，2001）。Isbell等（2013）研究发现，在进行自我评价时人们在快乐和愤怒情绪条件下评价的抽象程度较高，而在害怕和悲伤的情绪条件下的评价的抽象程度较低。在情绪线索归因于判断任务时，人们在快乐和愤怒时倾向于使用更抽象的语言来描述自己，对"我是谁?"这一问题的回答是"我是一个人""我很诚实"等，这与Tiedens和Linton（2001）的研究结果相同，在快乐和愤怒的条件下，评价的确定性可能发挥了作用，促进了对抽象概念的依赖。在悲伤和害怕的条件下，评价的不确定性增加了对具体概念的依赖，对"我是谁?"这一问题的回答是"我饿了""我在椅子上坐着"等。在情绪来源提示的条件下，即当被试把情绪归因于情绪操作时，情绪对自我描述的作用消失了。也就是说，情绪只有被感知与给定任务相关联时，才会影响后续的加工过程。该研究结论验证了情绪即信息模型，情绪除了效价以外还具有不同的评价维度（如确定性），当它们归因于当前任务时，可以作为一种信息影响随后的评价和判断（Parker & Isbell，2010）。

另外，研究也发现，除了情绪效价、确定性维度，情绪的激活程度也对人们的认知产生影响。Tobin和Tidwell（2013）通过观看一些图片来诱发积极或消极情绪和高低不同的激活程度的情绪，接着完成一个或难或易的字谜任务，然后对自己的绩效满意度进行评估，结果发现，低激活情绪可以用于判断困难任务绩效的信息，高激活的情绪可以用于判断容易任务绩效的信息。情绪激活程度和能量水平的匹配可能会增强情绪对判断影响的感知程度（Greifeneder et al，2011）。

四、一种特殊的情绪信息——调节匹配

调节匹配效应可以看作是情绪即信息的扩展，与广义的情绪即信息模型是一致的（Generalized Affect-as-Information Model，GAIM，Pham，2008）。大量的研究表明调节匹配，即人们的调节定向和他们的目标追求方式相匹配，可以改变目标对象所附的价值。与调节不匹配相比，调节匹配时，这种附着在合意目标对象的价值会提高。尽管关于不合意目标对象的研究很少，但是少量的研究也表明若对目标固有的情感反应是消极的时，调节匹配会放大对目标的消极评价。可以看出，调节匹配会强化对目标对象的固有的情绪性反应。

调节匹配效应有两种不同的解释机制。一种机制是调节匹配（vs调节不匹配）发生时会产生一种"正确感"，这种体验本身是令人愉快的，它的愉悦性可以转移到目标上，从而可以使感知的价值得以提高（Avnet & Higgins，2003；Higgins，2000），即价值增强效应（a value-enhancement effect）。这种机制与情绪即信息观点是一致的（Schwarz & Clore，2007）：产生于调节匹配的"正确感"被错误地归因于目标对象身上。当人们把"正确感"体验归因于与目标无关的其他来源时，调节匹配效应会消失（Cesario等，2004）。另一种机制是"投入"，认为调节匹配可以增强一个人在目标追求过程中的投入程度，从而可以强化对目标对象的享乐性反应，即产生了价值强化效应（a value-amplification effect）。研究表明，在调节匹配时，目标追求中的高动机强度和持久性与第二种机制比较一致（Hong & Lee，2008）。其实，这两种机制之间的关系有些模糊，在早期的一些研究中，认为"正确感"是调节匹配效应的主要机制；在后来的一些研究中，认为"正确感"是投入强度的一个前因变量（Avnet & Higgins，2006；Higgins，2006）。Pham和Avnet（2009）认为，根据人们事先投入水平不同，调节匹配效应运作方式也会不同。在高投入水平下，调节匹配倾向于通过投入强度机制发生效力，产生价值强化效应。而在低投入水平下，调节匹配倾向于通过"正确感"机制发生作用，产生价值增强效应。

在高投入条件下，调节匹配引起价值强化效应发生，在低投入条件下，调节匹配引起价值增强效应产生，可以采用广义的情绪即信息模型（GAIM）对此进行解释。在低投入时，人们很有可能启发式地问自己类似的问题"我对它感觉如何？"当"感觉正确"（调节匹配）比感觉不正确（调节不匹配）强烈时，会引起更多的积极的评价。相反，在高投入时，人们很可能问自己一些问题，如"我对它感觉强烈程度如何？"这些问题不仅包含了偏好方向，也包含了偏好的强度，研究结果是，与调节不匹配相比，调节匹配时评价会趋向极端（Pham & Avnet，2009；Avnet，Laufer & Higgins，2013）。

第四节　调节定向和情绪的关系研究

人们基于促进和预防这两种基本的动机系统调节着自己的目标、情绪和行为（Higgins，1997）。当朝向或实现理想目标时，促进定向和快乐情绪联系在一起；当理想目标受到阻碍或无法实现时，促进定向与沮丧相关的情绪相关，如失望、愤怒、气馁等（Amodio，Shah，Sigelman，Brazy & Harmon-Jones，2004；Higgins，1997）。而当预防的目标实现时，预防调节和一些宁静相关的情绪相联系，如放松、轻松等；当预防的目标无法实现时，预防调节和害怕、紧张及担心相联系（Higgins，1997；Idson et al，2000）。

虽然情绪的效价有积极和消极之分，但这并不是说所有的积极（或消极）的情绪都起着相同的作用。比如快乐和放松，它们拥有相同的效价——积极，但是，与它们相关的激活的目标是不同的，进而会影响后续的决策过程（Raghunathan & Pham，1999）。每个调节定向都有着积极和消极两种效价：在促进定向的条件下，有目标实现后的兴高采烈，也有目标未实现时的沮丧不满等；而预防定向条件下，有成功时的轻松、解脱或失败时的不安和害怕等。这种不对称性可以用具体情绪发生的特殊情境进行解释，当个体处于促进定向时，会关注于实现积极的行为结果，对"获得"存在/不存在保持着较高的敏感度；当个体处于预防定向时，则关注于避免消极的行为后果，对"损失"存在/不存在保持着较高的敏感度（如 Higgins，1996a、1996b；Higgins，1998）。

又如，悲伤、愤怒和害怕虽属于消极情绪，但功能不同。悲伤情绪可以启动损失预防反应，回避那些潜在的长期有伤害性的行为。Salerno，Laran 和 Janiszewski（2014）研究发现，在没有启动悲伤情绪组，人们有更多的放纵饮食行为；在启动悲伤情绪组，人们放纵饮食行为会减少，损失预防可以降低放纵消费。这表明悲伤情绪具有保护性功能，能够预防损失。但这并不是说损失预防反应是任何一种消极情绪的特征。比如愤怒情绪伴随着一种挫败感，是由外界因素导致的无法实现理想结果而产生的一种情绪（Carver & Harmon-Jones，2009）。当享乐性目标激活时，愤怒情绪的功能性反应是克服障碍，放纵消费（Izard，1993）。而害怕情绪可以提高对迫在眉睫的危险的敏感度（Griskevicius et al，2009），它的功能性反应是忽略长期的结果，聚焦于当前的危险。

有学者将调节定向和情绪引入决策研究领域。Leone，Perugini 和 Bagozzi（2005）探讨了调节定向在预期情绪对决策影响中的调节效应。该研究的两个实验得出一致的结论：调节定向和消极情绪有交互作用，在预防调节定向条件下，预期不安的消极情绪会引起更加积极的评价，而在促进调节条件下，预期沮丧的消极情绪会带来更高的积极评价。该研究没有发现调节定向和积极情绪有交互作用，研究者由此推测情绪信息在动机调节中可能存在着不对称性。

不同调节定向对情绪有不同程度的依赖。以热切为特征的促进调节定向可能会助长对情绪的依赖，而以警惕为特征的预防调节定向可能会阻碍对情绪的依赖。促进定向诱发的热切可以促进启发式方法的使用（Friedman & Förster，2001），强调速度比准确性更重要（Förstere et al，2003）。从某种程度上说，主观情绪反应提供了一个可供判断、评价时的令人信服的途径，也往往是快速的、较少努力的过程（Pham et al，2001）。同理，预防调节定向可以引起更多的分析式加工（Friedman & Förster，2000），会减少人们判断时对整体情绪启发式的依赖。

Pham 和 Avnet（2009）的研究结论也显示在促进定向条件下，判断和决策时对情感启发式的依赖要显著大于在预防定向条件下的。不同类型的情感输入在促进定向条件下被赋予的权重都显著大于在预防定向条件下的。他们认为促进定向时对情感启发式更加依赖可能是因为促进定向个体倾向于视情感输入具有更多的诊断性，而不是因为促进定向增加了对边缘信息本身的依赖。在他们的研究中，采用的是特质性调节定向，完成自我问卷（the Selves Questionnaire，Higgins，Bond，Klein & Strauman，1986）。要求被试用10个词分别描述3种自我：现实自我、理想自我和应该自我。因为促进定向的人更投入地追求理想，所以，促进定向在理想自我特性和现实自我特性的重叠中得以体现。类似地，预防定向的人更投入地追求责任，所以，预防定向可以反映在应该自我特性和实际自我特性的重叠中（Brockner，Paruchuri，Idson & Higgins，2002）。有两位专家背对背地对这些特性进行了编码，计算实际自我分别和理想自我、应当自我的匹配程度。理想—实际自我匹配分值反映了促进定向的程度，应该—实际自我匹配分值代表了预防定向的程度。人可能表现出具有两种调节定向，为了找出主导的调节定向，可以用促进定向的分值减去预防定向的分值，高分表明是促进定向占相对优势，低分表明是预防定向占相对主导地位。结果发现对预防定向的人来说，促进定向的人情感评估对目标评价会产生更加明显的、积极的影响；相反，认知评估对目标评价的影响在预防定向的人中更加明显。也就是说，与预防定向的个体相比，促进定向个体的情绪对评价判断的影响更加凸显。且这种现象有个边界条件，具体地说，在高情感相关（如"与朋友约会"条件）而不是低情感相关（如学期论文条件）下，促进定向的被试更显著地受到情绪的影响。由此研究者推测出判断评价对于情绪的依赖并不是无意识的，而是在一定程度上受主观情绪反应的可诊断性的控制（Pham & Avnet，2009）。

在说服研究领域，学者发现不同类型的广告（如有的注重视觉审美型的，有的注重产品诉求的强度）对不同的调节定向的人的影响程度是不同的。Pham和 Avnet（2004）发现，审美型的广告在促进条件下比预防条件下对人们的评价会产生更大的影响力。相反，在预防调节定向条件下，产品诉求的强度对评价会产生较强的影响。研究者认为，促进定向可以增强劝说中情感信息的影响力，而预防定向可以提高客观实质性信息的影响力。

Baek 和 Reid（2013）探讨了基于调节定向框架下呈现的不同信息与情绪对捐助贫困儿童利他行为的影响。结果发现，当信息以促进调节定向呈现时，良好的情绪对于捐助的态度和意愿都好于悲伤的情绪。与此不同的是，当信息以预防调节定向呈现时，情绪对捐赠的态度和意愿的作用就会减弱。Bosmans 和 Baumgartner（2005）研究发现，当产品广告以获得框架呈现（促进定向）时，与获得相关的情绪（欢乐、沮丧）会影响对产品的态度。相反，当产品广告以失去框架（预防定向）呈现时，与失去相关的情绪（宁静、焦虑）影响着对产品的态度。

第五节　国内学者的相关研究

一、国内关于调节定向和匹配的相关研究

国内也有大量的学者关注调节定向和匹配理论，已出现不少关于调节定向

及匹配的综述类的论文（如林晖芸、汪玲，2007；姚琦、乐国安，2009；熊素红，2011；尹非凡，2013等），也形成了一些实证性的研究成果，该领域成为国内学者研究的热点之一。

在说服领域里，有不少学者对调节定向和匹配效应进行研究。郭帅、银成钺（2015）通过两个研究探讨基于调节定向的不同面子观的消费者（"想要面子"和"怕掉面子"）对不同营销信息框架的偏好。结果发现：个体的调节定向决定了他们的面子观。"想要面子"个体的促进定向显著大于其预防定向，"怕掉面子"个体的预防定向显著大于其促进定向；促进型广告更能说服"想要面子"的消费者，预防型广告更能说服"怕掉面子"的消费者。王丹萍、庄贵军、周茵（2013）研究发现，调节匹配的广告较不匹配的广告更能塑造受众积极的广告态度，当广告侧重描述问题时，广告采用亏损框架宣传更能塑造受众积极的广告态度；当广告侧重描述问题解决时，广告采用得益框架宣传更能塑造受众积极的广告态度。段锦云等（2013）通过两个实验发现，不同反应线索条件下调节匹配对建议采纳会产生影响。在言语反应线索条件下，调节匹配时人们对建议的采纳程度更高；在非言语性反应线索条件下，防御取向时，调节匹配的人显著提高了建议的采纳程度，但促进取向条件下人们对建议的采纳程度无明显差异。李磊、尚玉钒、席酉民（2011）把调节定向理论和调节匹配理论引入领导语言框架研究领域，探讨领导者语言框架风格及其对下属工作态度的影响机理，结果发现，对特质促进型调节定向的下属而言，领导促进型语言框架更能促进其积极的工作态度，而对特质防御型调节定向的下属而言，领导防御型语言框架更能促进其积极的工作态度。也有学者发现，调节匹配的效应在不同的条件下是不同的，如陈华娇（2014）发现解释水平在调节匹配效应中起着调节作用：在低解释水平条件下，调节匹配提高了被试的行为意图，而在高解释水平条件下，调节匹配降低了被试的行为意图。

另外，调节定向和匹配在认知决策领域里也吸引了不少学者的关注。张凤华、方侠辉、刘书培（2015）通过实验发现，调节定向和决策框架对模糊规避会产生影响。具体地说，在积极框架下，预防定向者比促进定向者更规避模糊；在消极框架下，两者都寻求模糊。王怀勇和刘永芳（2013）运用实验法探讨了调节定向及其与延迟风险对决策偏好的影响。结果发现：调节定向影响决策偏好，促进定向的个体更偏好选择决策，而预防定向的个体更偏好延迟决策；调节定向与延迟风险共同影响决策偏好，当延迟风险高时，促进定向的个体更偏好选择决策，预防定向的个体更偏好延迟决策，而当延迟风险低时，两种调节定向个体的决策偏好无显著性差异，均偏好延迟决策。

二、国内关于调节定向和情绪的相关研究

国内关于调节定向和情绪的研究比较少见。目前仅发现有三篇相关的研究。朱浩亮、林鹬鹬和曹慧（2010）发现，促进调节定向和预防调节定向对教师的健康素质均可有正向预测作用，并认为情绪在其中可能起着中介作用。具体地说，促进定向的正向预测作用被积极情绪所中介，防御定向的正向预测作用被消极情绪所中介。王振宏、刘亚和蒋长好（2013）有一篇间接的相关研究论文，他们采用停止信号任务和任务转换作业考察了不同趋近动机强度积极情绪对认知控制的影响。结果发现：低趋近动机积极情绪增强认知灵活性，提高停止反应与任务转换的速度；而高趋近动机积极情绪增强认知稳定性，加快停止信号任务中 Go 任务和任务转换作业中重复任务的反应执行，增加了反应时的转换损失，即积极情绪对认知控制的影响受其趋近动机强度的调节。李蓉（2015）探讨了在不同情绪诱发下调节定向对冲动性购买行为的影响机制。结果发现：特质性调节定向与情绪之间有明显的交互作用，在积极情绪诱发下，特质性促进定向比预防定向的冲动性购买行为水平更高；而在消极情绪诱发下，特质性预防定向比促进定向的冲动性购买行为水平更高。情境性调节定向与情绪之间有明显的交互作用。在积极情绪诱发下，情境性促进定向比预防定向的冲动性购买行为水平更高；而在消极情绪诱发下，情境性预防定向和促进定向的冲动性购买行为差异不显著。

第三章　研究的整体思路

第一节　以往研究的总结

通过回顾以往有关调节定向的研究可以发现，调节定向是一种重要的认知动机理论，有促进定向和预防定向两种。促进定向涉及成长、发展和成就，对积极结果存在与否比较敏感，在实现目标的过程中通常采用热切趋近策略。而预防定向与责任、义务有关，它涉及安全和保护，对消极结果存在与否比较敏感，在实现目标过程中通常采用警惕回避策略。与调节定向相关的研究比较广泛，涉及情绪、认知和决策、偏好、说服等领域。然而，我们都知道，现在是一个信息社会，我们周围充斥着大量的信息。那么，有关信息的态度和行为会不会受到调节定向的影响呢？通过文献综述可以发现，调节定向对信息的态度和行为有什么影响的研究目前还处在被忽略的一种状态。另外，情绪的影响也无处不在，情绪即信息模型认为情绪可以提供与当前可及的倾向和认知相关的信息，进行"有颜色"的判断，从而形成复杂的评价体系，影响着人们随后的态度和行为。情绪的动机方向也可分为趋近与回避，趋近是因为积极的效价，有良好的感受体验，从而产生趋近行为；而回避是因为消极的效价，有不良的感受体验，从而产生规避行为。那么，关于调节定向和情绪的交互会对信息的偏好产生何种作用？现在还没有看到相关的研究和解释。具体地说，目前还存在以下尚未解决的问题。

一、缺乏调节定向对信息的态度和行为的影响研究

通过文献综述可知，以往学者已在多个领域里应用到调节定向理论，并取得了丰硕的研究成果。然而，研究文献尚未发现将调节定向理论运用到信息的态度偏好和选择偏好这两个领域中来。调节定向是否影响着人们的信息态度偏

好和选择偏好？具体地说，促进定向和预防定向对人们的信息态度偏好和行为是否存在着不同？若存在着差异，那么，在外显的和内隐的态度偏好上是否一致？为了回答这个问题，本书研究一设计了两个实验（实验一、实验二）来探讨调节定向对信息的态度和信息选择的影响，欲弥补该研究领域的空白。实验一探讨了调节定向对信息的外显态度偏好和选择偏好的影响；实验二探讨了调节定向对信息的内隐态度偏好和行为选择的影响，考察是否也发生了调节定向效应。

二、缺乏调节定向和情绪的交互作用对信息偏好的影响研究

以往研究发现，促进调节定向的人更容易体验到与欢快相关的积极的情绪和与沮丧相关的消极情绪，而预防定向的人更容易体验安静祥和的积极情绪和愤怒烦恼的消极情绪。然而，将调节定向和情绪整合来进行探讨的研究还比较欠缺，尤其缺乏从情绪即信息模型的视角来考察个体调节定向与情绪对个体态度偏好和行为的影响。基于以上的考虑，研究二设计了三个实验（实验三、实验四、实验五）来弥补目前研究的不足。实验三探讨了在没有提示情绪来源时，情绪和调节定向对个体信息偏好的影响；实验四是在前面实验的基础上进一步考察和验证没有提及情绪的来源和调节定向之间的效应及其机制；实验五提示了情绪来源时，情绪和调节定向对个体信息偏好的影响，并探讨和无情绪来源提示条件下的差异。

三、缺乏调节定向及其与情绪的交互对个体内隐态度偏好的影响的研究

尽管已有相关研究探讨了调节定向对人们态度或行为的影响，也有少量研究考察了调节定向和情绪的交互作用，但这些研究基本上都是从外显的、意识层次上进行探讨，很少是从内隐态度进行考察。那么，调节定向及其与情绪的交互对内隐态度有什么影响？内隐态度偏好在调节定向及其与情绪的交互对个体行为影响中发挥着何种作用？为了回答这些问题，在探讨调节定向及其与情绪的交互对外显态度偏好影响的同时，还尝试着考察二者对内隐态度偏好的影

响，并进一步尝试揭示影响预测个体行为背后的心理机制，欲弥补这一研究领域里的缺陷或不足。

四、缺乏一定的生态效度

以往研究为了方便取样，大都以大学生作为被试，采用横向研究方法，这在一定程度上使生态效度不高。研究三中采用现场研究（实验六）和实验室研究（实验七）相结合的形式，有社区成员作为被试，采用纵向研究的方法，可以提高研究的生态效度，也可以更好地验证变量之间的关系。基于以上的考虑，实验六从社区招募群众作为被试，以节约用水信息作为实验材料，采用纵向研究的方法探讨调节定向和情绪对信息偏好的影响。实验七也采用纵向研究方法，以节约用水信息为材料，探讨调节定向和情绪的匹配效应对信息偏好的影响。

第二节　研究构想

本书将调节定向与情绪应用于有关信息偏好的研究领域，拟定采用行为实验的方法，在实验室情境和现场情境中共同来探讨这些问题：

（1）不同的调节定向对信息的态度偏好和选择偏好是否有影响？

（2）调节定向和情绪的交互对信息的态度偏好和选择偏好有何作用？基于情绪即信息理论，有情绪来源的提示和无情绪来源的提示与调节定向的交互效应有什么不同？

（3）在现场应用情境中情绪和调节定向对信息的态度偏好和信息传播行为有什么影响？

如上所述，本书设计了三个研究（第四、五、六章）包含7个实验来回答以上问题，具体介绍如下。

研究一（第四章）以大学生为被试，采用不同的方法启动调节定向，要求被试完成信息的评价和信息选择的任务材料，探讨调节定向对信息的外显和内隐态度偏好及信息选择的影响。研究一包括2个实验。实验一采用单因素被试间实验设计，自变量为调节定向：促进定向/预防定向，探讨调节定向对信息的外显态度偏好及选择偏好的影响。实验二也是采用单因素（调节定向：促进定向/预防定向）被试间实验设计，探讨调节定向对信息的内隐态度偏好及选择偏好的影响。

研究二（第五章）以大学生为被试，采用不同的方法启动情绪和调节定向，探讨在对信息评价和信息选择中调节定向和情绪交互效应。该部分包括3个实验，实验三采用2（调节定向：促进定向/预防定向）×2（情绪：快乐/伤心）被试间设计，探讨调节定向和情绪（无情绪来源提示）对信息的内隐态度偏好、外显的态度偏好及选择偏好的影响。实验四也采用2（调节定向：促进定向/预防定向）×2（情绪：快乐/伤心）（没有提示情绪来源）被试间设计，但与实验3的变量的启动方法和实验材料不同，来探讨并验证情绪和调节定向的作用，并进一步考察个体对信息的内隐态度偏好和外显态度偏好一致性。实验五采用2（调节定向：促进定向/预防定向）×2（情绪：快乐/伤心）（提示情绪来源）被试间设计探讨当提示情绪来源时，调节定向和情绪对个体的态度偏好和选择偏好的影响，并与没有情绪来源提示条件下进行差异性比较。

研究三（第六章）以社区成员和大学生为被试，主要在现场实际应用情境中进行实验，采用纵向的研究方法对调节定向和情绪交互效应进行进一步的探讨，以节水信息为材料，考察交互效应在人们对节水信息的态度偏好和节水信息传播中的预测效果。研究三包括2个实验，实验六从社区招募的被试，采用2（调节定向：促进vs预防）×2（高兴vs悲伤）被试间设计，探讨情绪和调节定向在个体节水信息态度偏好、节水信息传播意愿和行为中的交互效应。实验七采用2（调节定向：促进vs预防）×2（高兴vs悲伤）混合性设计。把被试随机分为两种情况，每个情况下的被试先后间隔一周进行两次不同条件组合的现场实验干预：一组为匹配组，先后接受的实验条件为：促进vs高兴组、预防vs悲伤组。另一组为非匹配组，先后接受的实验条件为：预防vs高兴组、促进vs悲伤组。探讨情绪和调节定向匹配情况对节水信息态度偏好、节水信息传播意愿和行为的影响。

第三节　研究目的和框架

　　本书的研究目标为：针对以往研究中的不足，以调节定向理论和情绪信息理论为基石，应用内隐联想测验IAT的技术，在实验室和现场应用情境中探究调节定向和情绪对信息偏好的影响。首先，本书研究主要通过操纵定向和情绪来改变个体不同的状态，探究促进定向（vs.预防定向）和快乐（vs.悲伤）对信息的外显的、内隐的态度偏好和选择偏好的影响。其次，本书研究突破实验室研究的局限，在实际应用中检验调节定向和情绪对信息偏好的影响。

　　在上述研究构想和研究目的的基础上，本书的总体设计框架如图3-1：

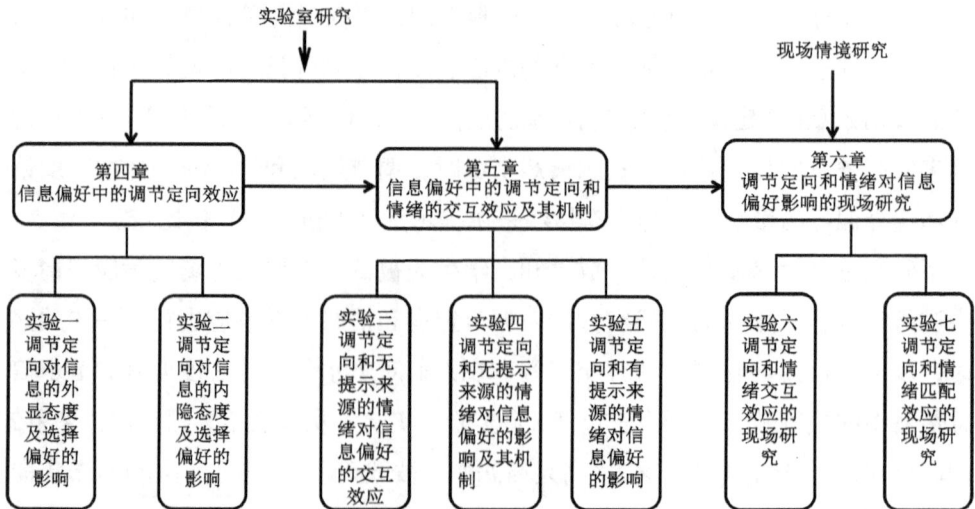

图3-1 本书的总体设计框架

第四章　信息偏好中的调节定向效应

第一节　问题的提出

调节定向概念一提出就得到研究者的广泛关注，对它的研究也在不断地深入。通过前面的文献综述可知，调节定向理论弥补了趋利避害的享乐动机理论在解释人类动机方面的不足。该理论主张存在不同的调节目标（Higgins，1997），认为与成长相关的调节涉及促进目标，它是一种关于进取、成就和愿望的状态。促进定向的个体关注的是积极结果的存在与否。相反，与安全相关的调节涉及预防目标，它是一种关于保护、安全和责任的状态。预防定向的个体关注的是消极结果的存在与否（Higgins 等，2003）。

根据调节匹配理论，不同调节定向的个体分别使用各自所偏好的行为方式和策略。人们会系统地偏好于与自己的信念、态度和决策一致的信息，倾向于忽略不一致的信息，这种现象就是信息的选择性（the selective exposure to information）（Festinger，1957）。先前的研究结果表明，有偏见的信息搜寻行为可能在多个领域里出现，如态度（Lundgren & Prislin，1998）、自我服务决策（Holton & Pyszczynski，1989）和在线新闻（Best，Chmielewski & Krueger，2005）。在个体和群体决策中也可以观察到有偏见的信息加工的过程（Schulz-Hardt，Jochims & Frey，2002）。人们在线讨论时也倾向于选择和自己的偏好相匹配的信息（Chung & Han，2013）。

Higgins（2002）指出，调节定向也影响着消费偏好，使消费者对产品有着不同的评价和选择。当产品的信息和调节目标相匹配时，则会形成对产品更有利的态度。如 Aaker 和 Lee（2001）研究表明，对于促进定向的消费者来说，一个关于葡萄汁的广告，如果强调可以提供维生素 C、能量和美味要比强调能抗氧化和预防心血管疾病更有效果。反之亦然，对于预防定向的消费者来说，强调预防目标的广告会更加有效。Wang 和 Lee（2006）在已有的研究的基础上，探讨消费者的调节定向对信息搜索行为和决策过程的影响，发现当向人们呈现不同信息时，不同调节定向的人们会选择和他们调节定向相匹配的信息。并发现这种情况发生在低投入的条件下，调节定向好像过滤器一样把与其不匹配的信息排除在外。被试往往对他们调节定向一致的信息进行更多注意和加工，并在此基础上形成对产品的评价和态度，表现出一定的偏好。

在消费行为学研究领域里把产品常分为两种：功能性产品和享受性产品（Hirschman & Holbrook，1982）。大多数产品或服务可以满足两种需要：享乐性需要和功能性需要（Batra & Ahtola，1991）。享乐性消费是指消费者关注的是产品是否可以带来较多的体验，而功能性消费是指消费者注重产品的实用性功能如何。虽然享乐性消费和功能性消费在生活中都普遍存在，但研究者发现，消费者在加工享乐性或功能性属性的方式是不同的（Voss，Spangenberg & Grohmann，2003）。研究发现，享乐性消费中产生较多的情感体验，消费者受使用产品中的体验所驱动。当消费一种享乐性产品，如一款香水，消费者可能有多种感官体验——听觉、视觉和嗅觉等。Babin，Darden 和 Griffin（1994）研究表明，人们在消费享乐性产品时，有更多的快乐、兴奋和刺激感。Voss 等（2003）也发现情感依附是消费者购买享乐性产品的态度和意图中一个很重要的指标。因此，享乐性消费主要是基于消费者的内心和情感。相反，功能性消费者行为是理性的（Chaudhuri，2002）。它是必要的而不是娱乐性的。功能性消费主要是认知驱动，是工具、目标导向。Babin 等（1994）发现，人们在消费功能性产品时，倾向于聚焦他们是否完成购买任务。Voss 等（2003）研究也发现，逻辑理性是功能性消费中的一个很好的指标。由此可见，功能性消费是基于消费者的认知和理性。

目前，普遍的看法是享乐性消费主要是情感驱动，而功能性消费主要是认知驱动，但是消费者什么时候关注这两种信息还是不清楚。Chitturi 等（2007）研究表明，消费者在最低功能性水平满足的基础上才会关注产品的享乐性。Kitvetz 和 Simonson（2002）则认为，消费者认为他们有享受的权利时才会去关注产品的享乐性。可见，产品的享乐性和功能性维度的相对重要性是依赖很多因素的。Roy和Ng（2012）研究发现，消费者对于享乐性产品和功能性产品的偏爱会受到个体调节目标影响。调节目标影响人们的加工策略和关注的信息（Aaker & Lee，2006；Pham & Avnet，2004）。

在产品被分为功能性和享受性两种基础上，有研究者把这种划分应用到信息系统环境（Heijden，2004）。信息也有两种：功能性信息和享受性信息。功能性信息是指信息特征的功能性、工具性和实际价值；而享受性信息是指信息特征的审美性、体验性和享乐性相关的特征（Chitturi，Raghunathan & Mahajan，2007）。根据选择性偏好的观点：人们的加工能力是有限的，不可能对所有的信息进行加工，经常对信息有不同的偏好和选择。人们会搜寻和他们先前的态度、最初的决策和承诺相一致的信息，对这些信息产生一定的偏好。在日常生活中，人们很可能会遇到享乐性和功能性这两种信息，这时人们会积极地搜寻和采用与他们调节目标相匹配的信息或策略吗？

目前，尚未发现学者探讨调节定向对信息偏好的影响。那么促进定向和预防定向对人们的信息偏好是否存在着不同的效应？若存在着差异，那么，在外显的和内隐的态度偏好上是否一致？

针对以往研究的不足，研究一将调节定向理论引入信息偏好（具体包括信息的外显态度偏好、信息的内隐态度偏好和信息的选择偏好）领域中来，探讨调节定向对信息的外显的态度偏好、内隐的态度偏好和选择偏好的影响。具体地说，研究一包括2个实验：实验一探讨调节定向对信息的外显态度偏好和选择偏好的影响；实验二是在实验一的基础上，探讨调节定向对信息内隐态度偏好和选择偏好的影响，考察是否也发生了调节定向效应。

第二节 调节定向对信息的外显态度及选择偏好的影响
（实验一）

一、引 言

想象一下，小王正在北京参加一个很重要的会议，很开心遇到了他以前的一个上司，张主任。他们愉快地一起去喝下午茶。张主任关心地问他近况如何，小王满腔热情向张主任描绘了他未来的职业计划和愿景。这个时候，服务员端上来一种美味的甜饼和一些新鲜的葡萄。甜饼吸引了小王。他跟随着自己无意识的冲动选择了吃甜饼。

人们的调节定向影响着人们的消费行为，以上面提到的小王为例，当他提到她未来的职业计划和愿景时，她的促进定向被启动；而若她想到的是未来的责任或计划如何去获得一种安全的终身职位时，她的预防定向被启动，这或许会使小王做出不同的选择（选择吃葡萄）。

调节目标影响着人们的注意倾向，人们更容易关注那些能够维持他们调节目标的刺激，偏好于采用和调节目标相匹配的行为方式。当人们采用的行为方式和他们的调节目标一致时，他们的动机会加强，并产生一种"匹配"感（Aaker & Lee，2006）。这种匹配产生的积极体验或价值可以转移到随后的任务评价中（Higgins et al，2003）。Aaker和Lee（2006）研究也发现，当产品的特征信息和被试调节目标匹配时，他们会对该产品产生更加积极的态度。这种匹配会带来一种"正确感"，人们把这种"正确感"错误地归因于随后的任务评价中。

当人们基于情感进行评价和判断时，促进定向的个体会产生一种匹配感；而当人们基于逻辑进行评价和判断时，预防定向的个体会产生匹配感。Avnet和Higgins（2006）研究表明，当基于情感而不是认知进行判断时，促进定向的个体愿意对产品支付更高的价格，而当根据认知进行判断时，预防定向的个体愿意支付更高的价格。研究者认为这是人们采用的策略和其调节定向匹配时所产生的一种积极体验的结果。Roy 和 Ng（2012）则在前人研究的基础上进一步探讨当人们进行享乐性或功能性两种不同消费时的调节定向效应，他们通过实验研究发现，情感驱动的促进定向的人们对于享乐性（而非功能性）特征或产品有更积极的评价，在享乐性特征（或产品）单独出现或者与功能性特征（或产品）同时出现时都是如此。而预防定向个体在对享乐性和功能性产品单独评价时，对功能性产品表现出有偏好的趋势，但当对两种产品同时评价时，和促进定向时结果一样，都偏好享乐性产品。

　　人们通过功能性产品试图达到的目标与他们从享乐性产品追寻的目标是不同的（Chernev，2004）。人们期望通过功能性维度达到预防性目标，而通过享受性维度达到促进性目标（Chitturi，Raghunathan & Mahajan，2007）。促进定向与享乐性消费、冲动购买相关联，偏好享乐性产品（Chernev，2004）。而预防定向与功能性消费相关联（Sengupta & Zhou 2007），预防定向的人偏好于功能性产品（Chernev，2004），在决策中需要大量的信息（Pham & Avnet，2004）。根据调节定向理论，预防目标是指"应该"型的获得满足，如安全、责任等。如常看经济新闻信息，新闻的有用特征可能成为预防目标。相反，促进目标是人们"渴望"型的获得满足，如希望获得有趣的或愉快的信息。当与享受性信息接触时，如娱乐新闻，促进目标得以实现，这样可以显著地增加令人愉悦的体验的可能性（Chung & Han，2013）。可见，调节定向充当过滤器的作用，凭借这个过滤装置，人们会偏好并选择和他们调节定向相关的信息进行加工。由此，我们推测促进定向的人们会搜寻和偏好关于成长和成就的信息，而预防定向的人们会搜寻和偏好关于安全和保障的信息。Wang 和 Lee（2006）通过预实验选择牙膏三个促进特征（口气清新、牙齿洁白和牙釉质加强）；三个预防特征（防止蛀牙、预防牙龈炎和控制菌斑）。基于这些特征形成对两种牙膏 A 和 B 的描述，牙膏 A 有三个强促进诉求和三个弱预防诉求；牙膏 B 有三个强预防诉求和三个弱促进诉求。先后向被试呈现 A 和 B 两种不同的牙膏，要求被试对这两种牙膏打分，并从中挑选出自己喜欢的那种。结果发现，当同时呈现促进和预防特征相关信息时，低投入的人们会对和他们调节定向相匹配的信息赋予更高的权重，对与他们调节定向匹配的产品评价较高，也更倾向于选择与他们调节定向相匹配的强诉求产品，即促进定向的个体更偏好于具有促进特征的产品，预防定向的个体更偏好于具有预防特征的产品。

人们在享乐性信息和功能性信息二者中如何进行取舍？调节定向如何影响享乐性或功能性信息偏好？在这方面的研究很少，实验一想弥补这一空白。根据调节匹配的相关文献，促进定向的个体偏向于情感驱动，他们会偏爱享乐性属性较凸显的产品；而预防定向的个体偏向于认知驱动，他们会偏爱功能性属性较凸显的产品（Pham & Avnet，2004）。即在不同定向条件下，人们会产生不同的偏好。据此，我们提出下列假设：

H_1：促进定向条件下，人们偏好享乐性信息；而预防定向条件下，人们偏好功能性信息。

二、方　法

（一）被　试

来自浙江传媒学院的大三、大四的学生共80名被试参加实验，剔除其中8名被试的无效数据。其余72名被试中有男生28名，女生44名。所有被试均未参加过类似的实验。

（二）实验设计

采用单因素被试间实验设计。自变量为调节定向：促进定向/预防定向，因变量为信息的选择和外显态度偏好。

（三）研究材料与工具

调节定向：本实验连续用两种方法来操纵调节定向：让被试回忆报告任务和完成一项纸笔迷宫任务。

首先是回忆任务。要求促进定向条件下的被试写下他们的希望和愿望，预防定向条件下的被试写下他们的责任和义务（参见 Freitas & Higgins，2002，Study 2）。具体情况如下：

促进定向：我们每个人都会有一些希望、梦想和愿望。请回忆您所拥有的希望或愿望各2项，并列举在下面的空白处：

（1）＿＿＿＿＿＿＿＿＿＿＿＿＿；（2）＿＿＿＿＿＿＿＿＿＿＿＿＿

预防定向：我们每个人都会有一些职责、责任和义务。请回忆您所拥有的职责和义务各2项，并列举在下面的空白处：

（1）＿＿＿＿＿＿＿＿＿＿＿＿＿；（2）＿＿＿＿＿＿＿＿＿＿＿＿＿

接着让被试完成一项纸笔迷宫任务。要求被试完成一个迷宫任务来启动促进或预防定向（Friedman & Förster，2001）。在这个纸笔迷宫测验中，一个卡通老鼠处于迷宫的中央，被试的任务是帮助这个卡通老鼠寻求路径离开迷宫。在促进定向条件下，一块奶酪在迷宫的出口处，要求被试引导老鼠走出迷宫得到奶酪，这个迷宫任务激活了"寻求营养"，获得理想的结果。在预防定向条件下，一只老鹰在迷宫上方盘旋，它想抓住这个处于迷宫中央的老鼠并把它吃掉，要求被试引导这只老鼠逃离迷宫，避免被老鹰吃掉。这个迷宫任务激活了"寻求安全"，避免消极的结果。具体见附录一。

为了确认该方法对被试调节定向操纵的有效性，我们根据Pham和Avnet（2004）等采用的方法进行了检验。被试在完成上述两种任务后，要进行3个决策。每个决策包含两个对立的选项，采用Likert 7点的计分方式。决策题项分别是：（1）我更愿意做大家公认的正确的事vs我更愿意做自己想做的事；（2）我更愿意做一次世界旅游vs偿还我的贷款；（3）我更愿意去内心想去的任何地方vs我更愿意做履行自己承诺的任何事情。较大数值对应预防定向，较小数值对应促进定向，其中第一题是反向计分。

信息选择任务 首先参照以往相关的研究文献编制了问卷并进行预调查（问卷详情见附录），有26名大学生参加了本次调查，要求他们列举功能性和享乐性信息分别有哪些。其次根据各个信息被提及的频率选出排名前4的项目，功能性信息有：经济新闻、政治新闻、生活贴士和天气预报；享乐性信息有：娱乐新闻、艺术欣赏、电影资讯和音乐资讯。

信息选择偏好问卷 有4种不同的选择情境，每个情境提供两个可能的选项，被试从这两个选项中选择一个，代表自己的信息选择偏好。

外显态度偏好测量 参考Blankenship和Wegener（2008）研究中所使用的

态度量表，采用5个语义区分项目进行测量，该问卷采用Likert 7点计分方式。让被试回答"你认为看经济新闻是不利的/有利的（愚蠢的/明智的、不合意的/合意的、无益的/有益的、不必要的/必要的）"。

（四）实验程序

采用纸笔测验的形式进行。发放纸质版的材料，按先后顺序完成调节定向启动及其检验问卷、信息选择偏好问卷、外显态度偏好问卷。

（五）数据处理

实验结果采用SPSS 17.0统计软件进行分析。

三、结　果

（一）调节定向操作效果检验

对调节定向操纵效果进行检验。反向项目进行转换，较大的数值对应于预防定向，较小的数值对应于促进定向。结果如表4.1所示。

表4.1　调节定向操作效果检验（$n=72$）

调节定向	M	SD	t	p
促进定向	2.583	0.634	−10.156	0.000
预防定向	4.361	0.837	—	—

独立样本t检验结果表明，在被试完成不同的回忆任务和迷宫任务后，被试在三个决策项目上的得分存在显著差异，$M_{促进定向}=2.583$，$M_{预防定向}=4.361$，$p<0.001$。我们采用7点量表来测量被试的促进定向和预防定向（1~3是促进定向，5~7是预防定向）。评分的中点是4，4代表既不偏向促进定向，也不偏向预防定向。我们以4为标准分别对促进定向组和预防定向组的被试得分进行t检验，结果都达到显著性差异（$t=-12.397$，$p<0.01$；$t=2.045$，$p<0.05$）。由此可见，对于调节定向操作效果很好。

（二）调节定向对信息选择的影响

以调节定向为自变量，信息选择偏好为因变量进行 t 检验，结果表明两种调节定向在信息选择偏好上存在着显著性差异，如表4.2所示。相比促进定向的被试来说，预防定向的被试更偏好于选择功能性信息（1代表享乐性信息，2代表功能性信息）。这与研究假设是一致的。

表4.2　调节定向对信息选择偏好影响的 t 检验（ $n=72$ ）

调节定向	M	SD	t	df	p
促进定向	1.174	0.205	−3.126	70	0.003
预防定向	1.361	0.295	—	—	—

（三）调节定向对信息的外显态度偏好的影响

以调节定向为自变量，以对功能性信息和享乐性信息的外显态度偏好为因变量进行 t 检验，统计结果发现，调节定向对功能性信息的态度偏好影响达到边缘性显著，与促进定向被试相比，预防定向的被试对功能性信息评价比较积极（ $M_{促进定向}=5.278$ ， $M_{预防定向}=5.661$ ， $p<0.1$ ）；而对享乐性信息态度偏好的影响不显著，如表4.3所示。

表4.3　调节定向对外显态度偏好影响的 t 检验

调节定向		M	SD	t	p
功能性信息态度偏好	促进定向	5.278	1.067	−1.705	0.093
	预防定向	5.661	0.825	—	—
享乐性信息态度偏好	促进定向	4.400	0.922	0.000	1.000
	预防定向	4.400	1.259	—	—

（四）享乐性信息和功能性信息的外显态度偏好差异性比较

对于享乐性信息和功能性信息，被试具体对哪一种信息态度更加积极呢？首先，我们对所有的被试进行配对样本的 t 检验。结果发现，被试对功能性信息外显态度偏好要好于享乐性信息。然后，我们把被试分成两组，一组是促进定向，另一组是预防定向，结果发现在分开的情况下，无论是促进定向还是预防定向，被试对功能性信息的态度都好于享乐性信息，如表4.4所示。

表4.4　功能性信息和享乐性信息态度偏好配对样本 t 检验

样本		M	N	SD	r	t	df	p
总体	功能性信息	5.469	72	0.967	0.311*	7.472	71	0.000
	享乐性信息	4.400	72	1.095				
促进定向	功能性信息	5.278	36	1.067	0.288*	4.416	35	0.000
	享乐性信息	4.400	36	0.922				
预防定向	功能性信息	5.661	36	0.825	0.371*	6.190	35	0.000
	享乐性信息	4.400	36	1.259				

（五）调节定向、外显的态度偏好对信息选择偏好的影响

研究采用多元线性回归分析了调节定向、外显的态度偏好对信息选择偏好的影响。外显的态度偏好变量是被试在对享乐性信息的态度偏好维度的平均分减去其对功能性信息的态度偏好维度的平均分。回归分析结果见表4.5。

表4.5　调节定向、外显态度偏好的回归分析

变量	B	SE	β	t	p
常量	1.265	0.030	—	41.879	0.000
调节定向	0.087	0.030	0.322	2.853	0.006
外显态度偏好	−0.048	0.030	−.178	−1.578	0.119

变量	B	SE	β	t	p
调节定向*外显态度偏好	−0.016	0.031	−0.058	−0.525	0.601

分析发现，该回归方程 $F(3, 68) = 4.231$，$p=0.008$。由表4.5可知，调节定向对信息选择偏好预测效应显著（$t=2.853$，$p=0.006$），外显态度偏好及其和调节定向的交互作用的预测效应不显著。

四、讨论和结论

在实验一中我们通过回忆报告任务和一项纸笔迷宫任务启动调节定向，探讨调节定向对信息偏好的影响。结果发现，在对信息外显的态度偏好评价方面，预防定向的个体对功能性信息评价呈现积极的趋势；调节定向对享乐性信息的态度偏好的影响不显著。在信息选择偏好上，预防定向的被试更倾向于选择功能性信息，而促进定向的被试更倾向于选择享乐性信息。研究假设基本上得到了验证，即调节定向影响着人们的信息偏好。这可能是因为不同的调节定向具有不同的心理倾向。根据调节定向理论，促进定向个体根据积极的结果存在与否来调整行为，他们对积极结果比较敏感，倾向于最大化积极结果的存在，最小化积极结果的不存在。相反，预防定向的个体根据消极的结果调整行为，他们对消极结果比较敏感，倾向于最小化消极结果的存在，最大化消极结果的不存在（Freitas & Higgins，2002）。可见，促进定向和预防定向的自我调节策略目标都是实现期望的端点，只是二者性质不同：在促进定向条件下，理想的端点是积极结果的存在，而在预防定向条件下，理想的端点是消极结果的不存在。

不少研究者发现不同的调节定向具有不同的偏好。例如，国内学者王怀勇（2011）研究发现，促进定向的人更爱改变，偏好选择决策；而预防定向的人更爱维持现状，偏好延迟决策。Chernev（2004）研究表明，消费者目标导向与享乐性和功能性属性具有相对应的兼容性。具体地说，促进定向与享乐性属性相兼容，而预防定向与实用性的、保守的功能性属性相兼容。这遵循了调节定向的基本概念——趋利避害的快乐原则（Higgins，1997），促进定向的个体更倾向于实现快乐，他们也更容易注意享乐性属性。遵循这个逻辑，预防定向的个体更倾向于回避痛苦，他们也更容易关注功能性属性。另外，研究者也发现，人们对与其调节定向相匹配的客体赋予较高的权重。调节定向影响人们对享乐性和功能性属性的评价，相比预防定向的人，促进定向的个体更可能赋予享乐性属性更高的权重。也就是说，人们倾向于赋予与他们当前调节定向相匹配的属性较高的权重（Chernev，2004）。这与我们的研究结论是一致的，与促进定向的个体相比，预防定向的个体更偏好功能性信息。我们研究也发现，外显态度偏好及其和调节定向的交互作用对选择行为预测效应不显著。这与Florack，Friese 和 Scarabis（2010）的研究（Study 3）结论是一致的，即外显的态度偏好和调节定向之间交互作用不显著。

以往还有很多研究与我们的结论相一致，如Sengupta 和 Zhou（2007）主张促进定向和享乐性行为有关联。当面临诱人的食物时，促进定向的个体更可能产生冲动性消费行为，倾向于食用较多的享乐性、不健康的食品。Roy 和 Ng（2012）也指出，在促进（预防）目标和享乐主义（功能主义）之间存在着一种匹配。当产品的享乐性（非功能性）属性凸显时，促进定向的个体更偏爱这种产品，而对于预防定向的个体来说，这种情况则相反。研究者认为这种偏好的差异是由于人们往往根据自己的调节定向对目标客体进行评价，促进定向的人们偏好享乐性属性超过功能性属性，这可能与他们情感驱动的加工策略相关。而预防定向的个体偏好功能性属性超过享乐性属性，这可能与他们认知驱动的加工策略相关。不过，他们认为这种效应有个边界条件，当享乐性产品和功能性产品同时被评价时，这种匹配效应则会消失。

另外，通过享乐性信息和功能性信息的外显态度偏好差异性比较来看，被试都表现出对功能性信息更加偏好。一些跨文化的研究表明东亚人，包括中国人、韩国人以及日本人，倾向于采用预防策略来调整自己，他们很有可能被负面信息激发，而北美人则更容易被正面信息激发（Lockwood，Marshall & Sadler，2005）。也就是说，我们被试倾向于是预防定向特质的人，在实验条件下的被试可能继续采用或强化他们原有的特质性的预防策略，表现出对功能性信息偏好。另外，这还可能是因为被试受到社会期许动机的影响，认为若对享乐性信息产生偏好会给人一种"不务正业"的印象，可能有"伪装"好的倾向。那么，在内隐态度偏好上是不是也具有同样的趋势？这个结论值得进一步研究。

可见，促进定向和预防定向存在着不同的信息偏好，相对于促进定向的个体来说，预防定向的个体更偏好于功能性信息。这个结论可以丰富营销学领域和传播学领域中个体差异性的研究，并对深入理解个体的偏好提供了新的研究视角。

实验一研究结论：

（1）在对信息外显的态度偏好评价方面，与促进定向的个体相比，预防定向对功能性信息的评价呈现积极的趋势（但差异不显著）；调节定向对享乐性信息的态度偏好的影响不显著。

（2）在信息选择偏好上，预防定向的被试更倾向于选择功能性信息，而促进定向的被试更倾向于选择享乐性信息。

第三节　调节定向对信息的内隐态度及选择偏好的影响
（实验二）

一、引　言

态度、行为意图和行为不一定是一一对应关系，它们之间往往存在着不一致的情况。如在实验一中，与预防定向被试相比，促进定向倾向于选择看享乐性信息（行为）；而在外显态度偏好上，两种定向的被试间没有差异。对一个对象的积极的评价不一定会引起相应的较积极的行为。一些情境的因素，如感知控制能力的增加可能会提高意图和行为之间的相关性。Motyka等（2014）认为特质性的调节匹配效应对行为有更强的控制，相反，暂时启动的状态性的调节匹配对评价和行为意图有更大的影响。类似的，通过过程中形成的调节匹配似乎对评价和行为意图影响较大，是因为态度—行为链中的过程导向的元素得到了更多的强调。而通过对结果的敏感性形成的调节匹配将对行为作用更大些，这是因为在态度—行为链中结果导向的元素得到更多的强调。

人们对目标对象在同一时间可能持有两种不同的态度：一种是外显的，另一种是内隐的（Greenwald & Banaji，1995）。外显的态度是可以通过自我报告的问卷或访谈的方法直接评估获得，但是，由于受意识或动机的限制，通过自我报告的方法不能很好地捕捉到全部的态度（Jones，Pelham，Mirenberg & Hetts，2002）。而内隐的态度是通过间接测量获得的，个体可能没有意识到自己的内隐态度，或者无法用语言表达出来的，或者不愿意表达出来的想法。学者们用内隐联想测验（the Implicit Association Test，简称IAT）来测量态度隐含的一面（Greenwald，Mc Ghee & Schwartz，1998）。IAT敏感度较高，测验的分数比较真实，因为这种方法使测试者无法伪装"好"。例如，测试人们对同性恋持有何种态度，若采用自我报告的问卷测量，受试者可能会伪装对同性恋持有积极的态度，但是在内隐测验中则无法进行伪装（Banse，Seise & Zerbes，2001）。Kim（2003）在对种族态度中也发现了类似的外显测量和内隐测量结论的差异。遗憾的是，前人关于调节定向对态度的研究基本上都是从外显态度的视角，很少是从内隐态度进行考察的。那么，调节定向对内隐态度偏好有什么影响？内隐态度偏好在调节定向和行为关系中发挥着何种作用？这正是实验2要探讨的问题。在正式探讨此问题之前，接下来有必要先回顾一下IAT及其相关研究。

IAT通过在计算机分类任务中观察反应来评估概念间的联想强度。在IAT实验的开始阶段，有两种不同的概念范例，如不同种族的人脸图像——黑人和白人面孔出现在电脑屏幕上，要求被试通过按键尽可能快地进行分类（例如，黑人面孔出现时按"E"键，白人面孔出现时按"I"键）。接着，另一对不同的概念范例出现，如具有积极和消极效价的形容词，也是通过按上面两个键进行快速地分类。接着进行联合辨别任务。在第一个联合辨别任务中，按照上面相同的按键方式对这四个类型的范例进行分类，如当出现黑人面孔或积极形容词时按"E"键，当出现白人面孔或消极形容词时按"I"键。在第二个联合辨别任务中，使用和前面联合任务中相反的配对，即当出现白人面孔和积极形容词时按"E"键，出现黑人面孔和消极形容词时按"I"键。IAT测量的是这两个联合任务的反应时之差，如当"白人+积极形容词/黑人+消极形容词"的反应时快于"黑人+积极形容词/白人+消极形容词"时，表明被试对白人和积极形容词联结的强度要高于对黑人和积极形容词连接的强度。IAT的原理是：与不关联两个概念相比，对两个关联概念按同一键反应会更快。到目前为止，IAT被证明是一个非常有效的研究态度的工具。它具有相当的灵活性、稳定性和可靠性。如Greenwald等（2002）报告出IAT的重测信度是0.60，大多数研究也表明它具有较高的内部一致性（$\alpha>0.80$）（Egloff & Schmukle，2002）。

Florack，Friese和Scarabis（2010）提出，受调节定向影响，人们对内隐态度的依赖程度不同。内隐态度提供了热切、快速决策的可能性，但没有提供警惕者（预防定向的个体）比较看重的一种安全决策的基础。因此，促进定向的个体比预防定向的个体会更倾向于依赖内隐态度。他们的研究基于一个基本的假设，内隐态度不能满足预防定向的个体对安全和有充分证据的需求，而内隐态度与促进定向的个体热切的信息加工风格相匹配，对于促进定向的人来说，速度要比准确度更重要（Förster et al，2003）。他们研究发现，内隐态度和调节定向的交互作用显著，内隐态度对促进定向的个体在消费意图、决策和实际消费量等方面产生的影响力要大于对预防定向的。内隐态度对于促进定向的人们来说是一个很好的预测指标。

根据以上论述和实验一，我们提出以下假设：

H_1：在内隐态度上，与预防定向个体相比，促进定向的个体更偏好于享乐性信息。

H_2：在信息选择上，促进定向的个体偏好于享乐性信息，预防定向的个体偏好于功能性信息。

H_3：促进定向的个体比预防定向的更依赖于内隐态度偏好进行信息选择。

二、方　法

（一）被　试

来自浙江传媒学院的大三、大四的学生共75名被试参加实验，剔除其中7

名被试的无效数据。其余68名被试中男生29名，女生39名。所有被试均未参加过类似的实验。

（二）实验设计

同实验一，实验二也采用单因素被试间实验设计。自变量为调节定向：促进定向/预防定向，因变量信息选择偏好和内隐的态度偏好。

（三）研究材料与工具

调节定向的操作和信息选择任务，同实验一。

内隐态度偏好测量：

采用IAT程序测量被试的内隐态度偏好。用享乐性信息和功能性信息作为目标类别，属性词为积极的和消极的两类形容词。根据实验一中的预实验中的实验材料，分别选择经济新闻、政治新闻、生活贴士和天气预报来代表功能性信息；娱乐新闻、艺术欣赏、电影资讯和音乐资讯来代表享乐性信息。属性概念的积极词汇包括幸福、壮丽、崇高、快乐、荣耀和愉快；消极词汇包括虚伪、凄凉、颓丧、肮脏、灾难和悲观。如果被试在IAT中表现把享乐性信息和积极词汇或功能性信息和消极词汇更紧密地联系在一起，就表明被试存在着这内隐的信息偏见倾向。

整个计算程序有7个阶段，程序会自动记录被试的正确率和反应时。IAT效应采用D分数计算。其计算方法如下：

（1）使用第3、4、6、7阶段的数据；

（2）删除反应时高于10000ms的试次；有10%以上试次低于300ms的被试需要删除；

（3）计算第3、4、6、7每个阶段的正确反应的平均反应时；

（4）对错误反应时进行修改，将其替换为所属阶段的正确反应的平均反应时+600ms；

（5）计算第3、4、6、7每个阶段的平均反应时（步骤5计算出来的错误反应的替代值+正确反应值）；

（6）计算第3、6阶段反应时的联合标准差和第4、7阶段反应时的联合标准差；

（7）计算第5段的平均反应时减去第3阶段的平均反应时的差值，第7阶段的平均反应时减去第4阶段的平均反应时的差值；

（8）用上一步计算出的两个差值，分别除以其对应的联合标准差，得到两个商数；

（9）求两个商数的均值，即为D值。

（四）实验程序

采用纸笔测验和计算机测验相结合的形式进行。

首先，发放实验纸质版的材料，包含调节定向启动及其检验问卷、信息选择偏好问卷。

纸质问卷做完后，开始在计算机上进行内隐态度偏好的测量，提醒被试输入和纸质问卷相同的编号。内隐态度偏好的测量采用IAT程序，分为7个阶段，如表4.6所示。

表4.6　IAT实验基本程序

顺序	次数	任务描述	按"E"键反应	按"I"键反应
1	20	初始靶词辨别	享乐信息，如娱乐新闻	功能信息，如经济新闻
2	20	属性词辨别	好，如幸福	坏，如虚伪
3	20	初始联合辨别	好/享乐信息	坏/功能信息
4	40	初始联合辨别	好/享乐信息	坏/功能信息
5	20	相反靶词辨别	功能信息，如经济新闻	享乐信息，如娱乐新闻
6	20	相反联合辨别	好/功能信息	坏/享乐信息
7	40	相反联合辨别	好/功能信息	坏/享乐信息

被试进入程序后，先阅读一段指导语：

"您好，欢迎参加本实验。请您完成下列任务：对一组呈现的词语或图片进行分类。分类要尽可能快地并准确地进行按键反应。有反应错误请不要停止，如果按键错误，屏幕上将出现'X'，需要按另一个键修正并继续进行。如果您已明白以上指导语，请按空格键开始实验。"

第一阶段的指导语："请将中指或食指放在键盘E键或I键上。不同信息类别的词和属性词将一个一个地呈现在屏幕中心，这些类别标签将始终显示在屏幕上方。当呈现的项目属于左边的类别时，请按E键；当呈现的项目属于右边类别时，请按I键。每个项目只属于一个类别。如果按键错误，将出现'X'，需要按另一个键修正并继续进行。"

"这是一个计时分类任务。需要你尽可能快且准确地进行反应。反应太慢或者犯太多错误会导致结果不准确。这个任务需要大约五分钟时间完成。如果明白了指导语，请按空格键开始测试。"

完成第一阶段练习后，将进入第二阶段，屏幕上呈现指导语："注意电脑屏幕上方，类别标签已发生改变，需要分类的词语也改变，但是规则未改变。当呈现的词语属于左边的类别时，请按E键；当呈现的词语属于右边类别时，请按I键。每个词语只属于一个类别。如果按键错误，将出现'X'，需要按另一个键修正并继续进行。尽可能快速又准确地做出反应。如果您明白了指导语，请按空格键开始测试。"

第三阶段，屏幕上呈现的指导语："注意电脑屏幕上方，之前分别呈现的四个类别标签现在一起出现。记住，每个词语只属于一个类别。例如，当类别标签'享乐性信息'和'好'一起呈现在屏幕上方的左右两边时，属于'享乐性信息'范畴的词语需要被归纳到'享乐性信息'这个类别，而不是'好'这个类别。明白指导语后请按空格键继续实验。"

第四阶段，指导语是："再次对同样的四个类别进行分类。记住尽可能快速且准确地做出反应。按空格键开始。"

第五阶段，屏幕上呈现："注意上方，只有两个类别标签，但互换了位置。此前在左边的类别标签现在在右边，而此前在右边的标签现在在左边。请练习新的安排。按E键和I键进行项目左右分类，按另一个键可以纠正错误。按空格键继续实验。"

第六阶段，屏幕上呈现："注意上方，四个类别标签以新的组合方式出现。

记住，每个项目只属于一个类别。使用 E 键和 I 键将类别项目分类到左边和右边的四个类别中，纠正错误请按另一个键。按空格键继续实验。"

第七阶段，屏幕上呈现："再次对同样的四个类别进行分类。记住尽可能快速且准确地做出反应。使用 E 键和 I 键将类别项目分类到左边和右边的四个类别中，纠正错误请按另一个键。按空格键继续实验。"

（五）数据处理

实验结果采用 SPSS 17.0 统计软件进行分析。

三、结　果

（一）内隐测验反应时的描述性统计分析

对 IAT 的反应时数据进行配对样本 t 检验，结果见表 4.7。可以发现，被试在相容任务（享乐性信息和积极属性词归类，功能性信息和消极属性词归类）的反应时显著低于不相容任务（功能性信息和积极属性词归类，享乐性信息和消极属性词归类）。当被试把享乐性信息和积极性词汇归为一类时，被试的反应时较短；而将功能性信息和积极词汇归为一类时，反应时较长。可以看出，被试倾向于把享乐性信息和积极词汇联系在一起，而将功能性信息和消极词汇联系在一起。

表 4.7　信息态度 IAT 的相容与不相容任务反应时比较（单位：ms）（$n=68$）

任务类型	M	SD	t	p
相容任务	1314.957	385.590	2.104	0.039
不相容任务	1409.633	365.044		—

（二）调节定向对内隐效应的影响

为了探讨调节定向对信息偏好的内隐效应的影响，对反应时进行了 D 值转换，具体方法前面已表述过。因为相容任务与不相容任务的反应时之差仅仅能反映出个体的态度倾向，用 D 值作为反应内隐测验的指标更加敏感，它不仅可以反映偏好，也可以反映偏好的程度（Greenwald，Nosek & Banaji，2003）。D值越大，表明内隐效应越大。

本实验以调节定向为自变量，以内隐效应D值为因变量进行t检验，结果见表4.8。D分数越高说明享乐性信息和"好"的属性联结越强，分数越低说明功能性信息和"好"的属性联结越强。可以看出，促进定向条件下内隐效应的值显著大于预防定向条件下的。D值为0表明被试对判断对象的内隐态度为中性（Karpinski & Steinman，2006），即不偏向于享乐性信息，也不偏向于功能性信息。我们以0为标准分别对促进定向组和预防定向组的被试内隐效应进行t检验，结果发现，促进定向组的内隐效应和标准值0差异显著（$t=3.146$，$p<0.01$），预防定向组的内隐效应和标准值0差异不显著（$t=0.422$，$p>0.05$）。这结果表明在促进定向条件下，个体的内隐态度偏好于享乐性信息；而预防定向条件下，个体对享乐性信息和功能性信息偏好差异不显著。

表4.8　内隐效应（D值）在调节定向上的差异性检验

调节定向	n	M	SD	t	p
促进定向	37	0.231	0.416		0.048
				2.019	
预防定向	31	0.030	0.402		—

（三）调节定向对信息选择偏好的影响

以调节定向为自变量、信息选择偏好为因变量进行t检验，结果表明两种调节定向在信息选择偏好上存在着显著性差异，如表4.9所示。从结果可以看出，与促进定向的被试相比，预防定向的被试更偏好于选择功能性信息。这与实验一的结果是一致的。

表4.9　调节定向对信息选择偏好影响的t检验

调节定向	M	SD	t	df	p
促进定向	1.156	.177	−2.809	61	0.007

调节定向	M	SD	t	df	p
预防定向	1.323	.283	—	—	—

（四）调节定向、内隐的态度偏好对信息选择偏好的影响

研究采用多元线性回归分析了调节定向、内隐的态度偏好对信息选择偏好的影响。回归分析结果见表4.10。

表4.10　信息选择偏好在调节定向、内隐态度偏好的回归分析

变量	B	SE	β	t	p
常量	1.278	0.030	—	42.074	0.000
调节定向	0.096	0.032	0.350	3.040	0.003
内隐态度偏好	−0.092	0.031	−0.336	−2.985	0.004
调节定向*内隐态度偏好	−0.031	0.032	−0.111	−0.960	0.340

分析发现，该回归方程 $F_{(3, 64)} = 5.496$，$p=0.002$。由表4.10可知，调节定向对信息选择偏好预测效应显著，内隐态度偏好主效应也显著，但内隐态度偏好和调节定向的交互作用不显著，H_3未得到验证。

调节效应这样检验对不对？需要进行重新检验。调节定向在这里是否是调节变量，可以用Process试试。

四、讨论和结论

在实验二中，我们探讨了调节定向对信息内隐态度偏好的影响。结果发现，在促进定向条件下，人们更偏好于享乐性信息，其内隐效应D值显著大于在预防条件下的。另外，我们还发现，预防定向的个体对功能性信息和享乐性信息偏好差异不显著。这与前人的相关研究是比较类似的。Chung 和 Han（2013）研究显示，调节定向主效应显著，促进定向比预防定向的个体更容易改变他们的态度偏好。具体表现为促进定向的个体更可能改变对原始信息的态

度，偏好一致性对态度变化的作用不显著；相反，预防定向的个体改变对原始信息的态度可能性较小，偏好一致性对态度变化的作用达到边缘性显著。这里的偏好一致性（preference for consistency，PFC），是指"希望是并且被看作是一致的"（Guadagno，Asher，Demaine & Cialdini，2001：859），具有较高偏好一致性的个体在决策时较看重先前的期望或选择。而低偏好一致性的个体被认为是开放的，容易接纳新信息，他们相对的来说不受他们已经形成的东西所约束（Cialdini，Trost & Newsom，1995）。另外，Higgins（1996c:1076）认为，预防定向的个体有较少的选项（narrow alternatives），表现为"预防定向与自我一致性动机（self-consistency motivation）是有关联的"。可见，在预防定向条件下态度偏好具有相对的一致性，这在我们实验里也得到间接地证实，在预防定向条件下，被试的内隐效应 D 值为 0.03，显著小于在促进定向条件下的 0.231。也就是说，在预防定向条件下，被试对功能性信息和享乐性信息的内隐态度偏好没有差异，对这两种信息态度比较接近。

在实验二中，我们也探讨了调节定向对信息的选择偏好的影响。结果发现，预防定向更偏好于选择功能性信息，促进定向更偏好于选择享乐性信息，这与实验一结论是一致的。我们认为这与调节定向两种不同的动机取向有关系。促进定向个体对积极结果的存在/不存在保持着较高的敏感度，他们采用热切（趋近）的策略，理性自我（希望、愿望）被激活，如可以采用"你真正想做的事情……""你目前的一个希望或愿望是……"等句式来启动；而预防定向个体对消极结果的存在/不存在保持着较高的敏感度，他们采用警戒（回避）策略，应该自我（责任、义务）被激活，如可以用"你认为你应该做的事情是……""你目前的一个责任或义务是……"等句式来启动（Shah，Higgins & Friedman，1998；Freitas & Higgins，2002）。促进定向的人想达到理想的最终状态，预防定向的人想回避不希望的状态，二者存在着不对称性：促进定向的人更可能被"获得目标"启动，关注能够带来快乐的信息；而预防定向的人更可能被"损失目标"启动，关注能够回避痛苦的信息（Idson，Liberman & Higgins，2000，2004）。所以，促进定向的个体对于可以获得快乐的享乐性信息比较偏爱，而预防定向的个体为了回避损失，他们会更关注功能性信息。本实验结论与前人相关研究结果相一致。比如，Sengupta 和 Zhou（2007）研究表明，促进定向与享乐性消费、冲动购买有关联；而预防定向与功能性消费、理性消费有关联。Kees，Burton 和 Tangari（2010）认为，促进定向与快乐的、情感的、抽象的信息相匹配，且这种匹配可以产生较强的说服力。

我们的研究没有发现调节定向和内隐态度偏好对信息选择偏好有交互作用，假设3未得到证实。这可能是因为个体在对内隐态度偏好依赖程度上需要一些限定条件，如 Friese，Wänke 和 Plessner（2006）发现，人们在比较匆忙的情境下会倾向于根据内隐态度偏好进行选择；而在时间充足的情境下，会倾向于根据外显态度偏好进行选择。也就是说，人们若在冲动的、启发式思维模式下，倾向于依赖内隐态度偏好进行决策；而在理性的、系统式思维模式下，可能倾向于依赖外显意识层次进行决策。

本节实验研究结论：

在促进定向条件下个体信息内隐态度偏好效应 D 值显著大于在预防定向条件下的，与预防定向的个体相比，促进定向的个体更偏好于享乐性信息。

第五章　信息偏好中的调节定向和情绪的交互效应及其机制

第一节　问题的提出

在前面一章中，我们通过两个实验探讨了调节定向对信息偏好的影响，发现不同调节定向的个体信息偏好是不同的，促进定向的个体更偏好享乐性信息，预防定向的个体更偏好功能性信息。然而，该研究一个不足之处是只探讨了人们的一个动机变量。事实上，影响人的行为及态度的因素有很多，人格、情绪、认知风格和情境等变量都可能影响或交叉影响着个体的行为表现。也就是说，调节定向这个动机变量可能会和其他变量产生交互作用，如情绪。如前面章节提到的，促进定向的个体在目标追求的过程中对获得结果比较敏感，更容易体验到喜悦—沮丧相关的情绪，而预防定向的个体在目标追求的过程中对损失结果比较敏感，更易体验到放松—愤怒相关的情绪。不同的调节定向对具体某种情绪相关的信息敏感程度不同（Shah & Higgins，2001）。反过来，不同的情绪是不是也具有不同的调节定向的功能？Higgins（2006）提出，评估情绪有三个维度——愉悦度（即效价，是积极的还是消极的？）、激活程度（高激活还是低激活？）和调节定向功能（是促进性的还是预防性的？），这三个维度结合起来才能全面理解情绪的心理本质。可见，调节定向和情绪之间有着紧密的关系。Baek 和 Reid（2013）研究发现，情绪和调节定向的交互作用对儿童捐助态度和意愿有显著的影响，而主效应不显著。当信息以促进调节定向呈现时，处于良好情绪状态的被试对于捐助儿童的态度和意愿显著高于处于消极情绪状态的；而当信息以预防调节定向呈现时，捐助的态度和意愿在积极和消极情绪间没有显著性差异。那么，调节定向和情绪二者的交互会对个体的信息偏好产生什么影响呢？这正是本章要探讨的问题之一。

基于先前的理论和研究，人们会因他们情绪体验的不同而产生不同的态度和行为。如当人们在工作中体验的是积极情绪而不是消极情绪时，人们会产生较高的工作满意感（Weiss & Cropanzano，1996）。在一些判断和决策相关理论中，情绪是建构价值和态度过程中一个关键的因素。有两种情绪，一种是整合式的，另一种是独立式的。整合式的情绪是指与刺激相关的积极和消极情绪，一般是基于先前的经历和想法，考虑到刺激时而产生的情绪体验；而独立式情绪是独立于刺激的积极和消极的情绪状态，被错误地归因与刺激相关并对决策产生作用。无论是整合式的还是独立式的情绪，都可以用来预测和解释各种各样的判断和决策，小到对糖果的选择，大到对重要的生活满意度的判断和人生价值的评价，都涉及情绪的影响（Schwarz & Clore，1983；Slovic，Finucane，Peters & MacGregor，2002）。当消极情绪与一个结果联系在一起时，它作为一种警告信息——提醒人们不要做出那样的决定。而当积极情绪和结果联系在一起时，会使人们倾向于做出那样的决定，以情绪为导向可以做出更好、更有效的决策（Damasio，1994）。没有情绪，决策缺乏意义。

情绪具有功能性，告诉人们当前的心理状态（Schwarz & Bless，1991）。根据情绪即信息模型，人们把当下的情绪作为一种信息来源，影响着对他人的判断，如对目标刺激或者对生活质量的评价等（Schwarz & Clore，1983）。情绪可以作为一种反馈引导人们的信息加工、判断和决策。在验证人们是否使用情绪作为信息来源时，学者通常操作人们的情绪状态是否归因于外部的来源。使用这种归因的操作是因为情绪的信息感知依赖于情绪体验是如何归因的（Clore，Gasper & Garvin，2001）。当提供情绪外部来源提示时，人们在判断时感知的情绪信息性会减少。当没有提供外部来源提示时，情绪可以提供与当下判断相关的信息。比较有没有情绪来源提示很关键，因为通过比较可以证明情绪在进行相关判断时成为一种信息来源。

在早期情绪即信息研究（Schwarz & Clore，1983）中，分别在晴天或雨天打电话给被试，询问他们的生活满意度如何。结果发现在晴天时，被试汇报的生活满意度高于雨天的，但是当天气被提起时，即让被试意识到天气情况，这种差异会消失。提及天气会使被试对他们现在的情绪状态的外部来源感知比较凸显，在对目标刺激进行判断时，情绪信息作为一种无关的信息而被屏蔽了；当目前的情绪外显的来源提示缺失时，情绪作为一种信息，对当前的情境进行解释（Schwarz & Bless，1991）。Messner 和 Wänke（2011）采用"情绪即信息"范式，探讨情绪对天气感知的影响，他们发现 Schwarz 和 Clore（1983）用天气的自然变化来引发不同的情绪状态，人们在晴天时汇报的生活满意感要高于雨天时的，这可能是因为人们错误地把情绪归因于他们生活的满意度。Messner 和 Wänke 在此基础上对情绪和天气的相反关系进行验证，先启动被试的情绪，然后让一半的被试先判断他们的情绪，后判断天气（情绪凸显组）；另一半被试则相反，先判断天气，后判断情绪（情绪不凸显组）。结果发现，情绪可以影响对天气的感知，而且这种影响仅仅通过改变问被试天气和情绪的顺序就可以存在或消失。

Sechrist，Swim 和 Mark（2003）研究发现，在没有情绪外部来源提示时，被试会用他们的情绪信息对发生在自己或其他女性身上的歧视进行归因。在没有情绪来源提示的条件下，积极情绪（vs. 消极情绪）时的女性不太可能感到自己受歧视，认为其他女性也不太可能受到歧视。诱发的情绪和其来源提示的交互作用表明情绪的影响是因为情绪可以作为一种信息而非仅仅是简单的情绪影响。那么，若从情绪即信息的角度来看，调节定向和情绪对信息的态度偏好和行为会有什么改变呢？即有情绪来源提示的与无情绪来源提示的之间有什么不同呢？这是本章要探讨的问题。

我们基于情绪即信息的视角，将情绪和调节定向二者结合起来探讨个体信息偏好的影响因素，运用不同的实验任务启动调节定向深入地考察情绪信息和调节定向对个体外显、内隐态度偏好和行为的影响。具体地说，本章研究二包括 3 个实验。实验三探讨在没有提示情绪来源时，情绪和调节定向对个体信息偏好的影响。实验四是在实验三的基础上进一步考察和验证不提及来源的情绪和调节定向之间的效应及其机制。实验五是提示了情绪来源时，情绪和调节定向对个体信息偏好的影响，并探讨和无情绪来源提示条件下有什么不同？

第二节　调节定向和无提示来源的情绪对信息偏好的交互效应（实验三）

一、引　言

调节定向理论为个体在追求目标过程中如何自我调节动机、信念和行为提供了一个很好的分析框架（Higgins，1997）。功能主义认为情绪对目标追求的影响是目标类型的函数。关于人们如何追求目标，除了调节定向理论外，有一些其他模型对此进行了解释，如目标系统理论、目标设置理论等（Kruglanski et al，2002）。这些模型都用来分析影响追求目标的因素，并假设这些因素不依赖于目标类型，对所有目标都产生一致的影响，如目标可达性可以提高追求目标的动机。但是关于情绪影响的研究对此假设提出挑战。功能主义主张特定的情绪对于相应的目标追求来说具有信息性（Witherington & Crichton，2007）。如快乐有利于追求自我完善的目标，而抑制追求情绪管理的目标；悲伤有利于追求情绪管理的目标，而抑制追求自我完善的目标（Fishbach & Labroo，2007）。目标—情绪具有协同增效效应，因为情绪是由一组不同的动机子程序组成（Griskevicius，Shiota & Neufeld，2010）。快乐情绪包含下列一些子程序：（1）启发式加工（Tiedens & Linton，2001），（2）抽象的解释（Labroo & Patrick，2009），（3）热切趋近导向（Labroo & Patrick，2009）；而悲伤情绪包含的子程序是：（1）系统性加工（Tiedens & Linton，2001），（2）具体的解释（Labroo & Patrick，2009），（3）警惕回避导向（Labroo & Patrick，2009）。可见，快乐和悲伤等情绪对目标追求的影响受目标性质的影响。

情绪会影响信息的选择和加工。享乐权变理论（the Hedonic Contingency Theory）认为，在积极的情绪下，人们会倾向于加工令人高兴的信息，回避令人沮丧的信息（Wegener，Petty & Smith，1995）。但关于情绪影响信息加工的研究结论并不一致。有种观点认为，高兴的情绪会干扰个体精细加工说服信息的能力，积极的情绪和启发式加工相关，消极的情绪与系统性加工相关

（Schwarz & Bless，1991；Schwarz & Clore，1983）。Herr，Page，Pfeiffer 和 Davis（2011）也认为，积极情绪下会减弱信息的处理，进而减少推理和决策过程；而消极情绪下会增强信息处理，进而可以提升认知思维和精细加工。然而，其他的一些研究者提出不一致的观点，认为积极情绪可以提高信息加工的效率和质量（Hullett，2005）。当呈现一个令人兴奋的、有着积极结果的消息时，与消极的情绪相比，积极的情绪可以使人们对该信息进行更多的加工；当呈现的是令人沮丧的消息时，则对信息的加工会减少（Wegener，Petty & Smith，1995）。

Pham 和 Avnet（2004）发现，启动理想和责任两种目标条件下，个体对信息实质性内容（"弱或强"，weak or strong）和主观情感反应（"有吸引力或无吸引力"，attractive or unattractive）有着不同程度的依赖，进而影响着对产品的评估。当理想目标启动后，被试更容易被广告的吸引力所影响。这表明理想目标可以增加对主观情感的依赖性。当启动理想目标后，对产品的主观情感反应是产品评估的一个较好的预测指标。而且，在理想目标启动时这种广告吸引力的作用主要发生在有吸引力的广告条件下。当启动责任目标后，被试更容易受信息的诉求强度的影响。这表明责任目标可以增加对信息实质性内容评估的依赖性。而且，在启动责任目标时这种信息诉求强度的作用主要发生在弱诉求条件下。

基于前人的研究，我们提出以下假设：

H_1：与悲伤时相比，快乐时促进定向的人们更偏好于享乐性信息；

H_2：与促进定向条件相比，预防定向条件下人们对信息的偏好受情绪影响程度会减弱。

我们的情绪变量有两个水平，一个是积极情绪（快乐），另一个是消极情绪（悲伤）。在原则上，实验应该包括中性情绪组，以澄清实验效应是因为积极情绪、消极情绪还是二者兼有之的作用。但是，我们没有包括中性条件组，因为先前的研究发现中性情绪条件类似于积极情绪条件（Schwarz & Clore，1983），探讨情绪即信息的其他研究里一般不包括中性情绪条件组（Schwarz & Clore，1983；Sinclair 等，1994；Sechrist，Swim & Mark，2003）。所谓的中性情绪组可能会给出虚假的信号，因为"中性"情绪的一些细节可能使"中性"

情绪显得偏向积极或消极情绪。另外，一些实验研究发现，人们在控制的条件下，即没有诱发情绪时和诱发积极情绪时表现出类似的心理反应。如与消极的情绪被试相比，积极的情绪和没有诱发的情绪的被试更倾向于以整体式地加工信息（Gasper & Clore，2002），依赖易提取的启发式加工（Ruder & Bless，2003），表现出多种认知启发效应（Storbeck & Clore，2008）。这可能是因为人们通常情况下是比较快乐的。当被试在参加心理学研究时，即使没有诱发他们的情绪，他们也往往处于积极的情绪状态中（Storbeck & Clore，2008）。

二、方 法

（一）被 试

来自浙江大学和浙江传媒学院的学生共70名被试参加实验，剔除其中7名被试的无效数据。其余63名被试中男生25名，女生38名。所有被试均未参加过类似的实验。

（二）实验设计

采用2（调节定向：促进定向/预防定向）×2（情绪：快乐/伤心）被试间设计，将被试分为4组，分别接受不同的实验处理。因变量是对信息的内隐态度偏好、外显的态度偏好及信息选择偏好。

（三）研究材料与工具

调节定向的启动在开始实验时，向被试提供一个角色扮演情境，这种操作与以前研究中的情境性的调节定向操控是类似的（Chung & Han，2013；Jain，Lindsey，Agrawal & Maheswaran，2007）。要求被试对6个混乱的词进行解读，这些词是常用的化妆品牌名称。处于促进定向条件下的被试被告诉："若能写出一个正确的名称，你将会获得2分；若能写出两个正确的，将会获得4分，以此类推。如果你没有正确地解读名称的话，你将不能获得分数。你的目标是能尽可能多地正确解读品牌的名称，获得较高的分数。"处于预防定向条件下的被试被告诉："若写出一个名称是错误的话，你将会失去2分；若写出两个是错误的话，将会失去4分，以此类推。如果你没有解读错一个名字，你将不会失去分数。你的目标是尽可能少地错误解读品牌的名称，失去较少的分数。"

情绪启动　采用双任务来启动开心或伤心的情绪。首先，要求被试回忆一件开心或伤心的情绪事件，并写明是什么使自己很开心/伤心，自己在当时有何种体验，将自己能想起的所有细节都写出来。告诉被试有5分钟的时间来完成这一任务。其次，为了加强情绪启动，我们还让被试观看一张看起来开心/伤心的表情图片，要求被试仔细观察图片，并描写图中的人物表达了怎样的情绪？并用3~5个词语写出来（Tracy et al，2009）。

信息选择偏好问卷　同实验一。有4种不同的选择情境，每个情境提供两个可能的选项，被试从这两个选项中选择一个，代表自己的信息偏好。

外显态度偏好测量　同实验一。采用5个语义区分项目进行测量，该问卷采用Likert 7点计分方式。让被试回答"你认为看经济新闻是不利的/有利的（愚蠢的/明智的、不合意的/合意的、无益的/有益的、不必要的/必要的）"。

内隐态度偏好测量　同实验二。采用IAT程序测量被试的内隐态度偏好。用享乐性信息和功能性信息作为目标类别，属性词为积极的和消极的两类形容词。经济新闻、政治新闻、生活贴士和天气预报代表功能性信息；娱乐新闻、艺术欣赏、电影资讯和音乐资讯代表享乐性信息。属性概念的积极词汇包括幸福、壮丽、崇高、快乐、荣耀和愉快；消极词汇包括虚伪、凄凉、颓丧、肮脏、灾难和悲观。整个实验程序有7个阶段，程序会自动记录被试的正确率和反应时。IAT效应采用D分数计算。

（四）实验程序

采用纸笔测验和计算机测验相结合的形式进行。

首先，发放实验纸质版的材料，包含调节定向和情绪启动及其检验问卷、外显态度偏好问卷、信息选择偏好问卷。

在做完纸质问卷后，开始用计算机进行内隐态度偏好的测量，提醒被试输入和纸质问卷相同的编号。

（五）数据处理

实验结果采用SPSS 17.0统计软件进行分析。

三、结　果

（一）调节定向和情绪对外显态度偏好的影响

以调节定向和情绪为自变量，以外显态度偏好（对享乐性信息的态度偏好维度的平均分减去对功能性信息的态度偏好维度的平均分）为因变量进行方差分析（见表5.1）。结果发现，调节定向、情绪以及二者的交互作用对外显态度偏好的影响均不显著。

表5.1　情绪和调节定向对外显态度偏好的方差分析

变异源	SS	df	M	F	p
校正模型	2.733[a]	3	0.911	0.624	0.602
截距	125.474	1	125.474	85.926	0.000
情绪	1.933	1	1.933	1.324	0.255
调节定向	0.784	1	0.784	0.537	0.467
情绪×调节定向	0.010	1	0.010	0.007	0.935
误差	84.695	58	1.460	—	—
总计	214.040	62	—	—	—
校正的总计	87.428	61	—	—	—

a R方 = 0.031（调整R方 = -0.019）

（二）调节定向和情绪对内隐态度偏好的影响

以调节定向和情绪为自变量，以内隐态度偏好为因变量进行方差分析（见表5.2）。结果发现，调节定向主效应不显著，$F_{(1, 54)}=0.582$，$p>0.05$。情绪的主效应显著，$M_{快乐}=0.111$，$M_{悲伤}=-0.767$，$F_{(1, 54)}=4.208$，$p<0.05$。情绪和调节定向的交互作用也显著，$F_{(1, 54)}=4.280$，$p<0.05$。

表5.2　情绪和调节定向对内隐态度偏好的方差分析

变异源	SS	df	M	F	p
校正模型	1.167[a]	3	0.389	2.936	0.041
截距	0.027	1	0.027	0.202	0.655

续表

变异源	SS	df	M	F	p
情绪	0.558	1	0.558	4.208	0.045
调节定向	0.077	1	0.077	0.582	0.449
情绪×调节定向	0.567	1	0.567	4.280	0.043
误差	7.157	54	0.133	—	—
总计	8.348	58	—	—	—
校正的总计	8.324	57	—	—	—

a.R 方 = 0.140（调整 R 方 = 0.092）

为了进一步了解情绪和调节定向对内隐态度偏好的交互作用，我们进行了简单效应分析。检验被试的调节定向在不同情绪上差异的结果表明（见表5.3）：在促进定向条件下，快乐情绪对内隐的影响（$M=0.255$）与悲伤情绪时（$M=-0.139$）的差异显著，$F(1，54)=8.223$，$p<0.05$；而在预防定向条件下，快乐情绪对内隐态度偏好的影响（$M=-0.016$）与悲伤情绪时（$M=-0.014$）的差异不显著，$F(1，54)=0.000$，$p<0.05$。

表5.3 调节定向在不同情绪上对内隐态度偏好的差异性分析

调节定向		SS	df	SD	F	p
促进定向	对比	1.090	1	1.090	8.223	0.006
	误差	7.157	54	0.133	—	—
预防定向	对比	2.092E−05	1	2.092E−05	0.000	0.990
	误差	7.157	54	0.133	—	—

每个 F 在其他显示效应的每个级别组合中检验情绪的简单效应。这些检验基于估算边际均值间的线性独立成对比较。

a 使用 alpha 的计算结果等于0.05。

检验被试的情绪在不同调节定向上对内隐态度偏好差异的结果表明（见表5.4）：在快乐情绪条件下，促进定向对内隐态度偏好的影响（M=0.255）与预防定向时（M=-0.016）的差异显著，F（1，54）= 4.143，p<0.05。而在悲伤情绪条件下，促进定向对内隐态度偏好的影响（M=-0.139）与预防定向时（M=-

0.014）的差异不显著，F（1，54）=0.826，p>0.05。

表5.4　情绪在不同调节定向上对内隐态度偏好的差异性分析

情绪		SS	df	SD	F	p
悲伤	对比	0.109	1	0.109	0.826	0.367
	误差	7.157	54	0.133	—	—
快乐	对比	0.549	1	0.549	4.143	0.047
	误差	7.157	54	0.133	—	—

　　每个 F 在其他显示效应的每个级别组合中检验调节定向的简单效应。这些检验基于估算边际均值间的线性独立成对比较。

　　使用 alpha 的计算结果等于 0.05。

　　综上所述，我们可以看出，情绪在调节定向对内隐态度偏好影响中起着调节作用。具体地说，在促进定向条件下，快乐的情绪会引发内隐效应 D 值显著大于在悲伤情绪条件下的；而在预防定向条件下，情绪对内隐态度偏好的影响差异不显著。也就是说，在促进定向条件下，情绪对内隐态度偏好的影响较大；而在预防定向条件下，情绪对内隐态度偏好的影响程度得到减弱。我们研究也发现，在快乐情绪时，促进定向的个体对信息的内隐态度偏好显著大于预防定向的，而在悲伤情绪时，促进定向和预防定向的个体对信息的内隐态度偏好没有差异（见图 5.1）。

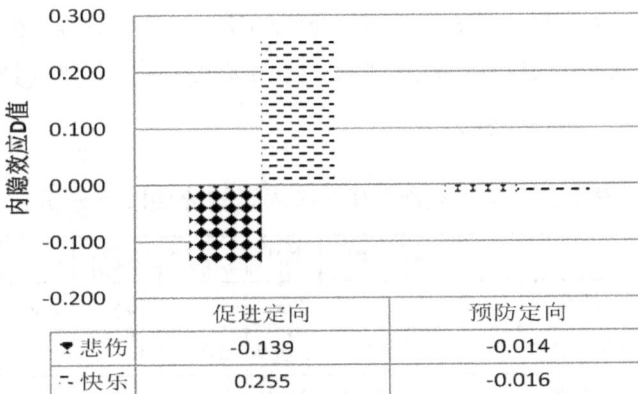

	促进定向	预防定向
悲伤	-0.139	-0.014
快乐	0.255	-0.016

图5.1　调节定向和情绪对内隐态度偏好的影响

（三）调节定向和情绪对信息选择偏好的影响

以调节定向和情绪为自变量，以信息选择偏好为因变量进行方差分析（见表5.5）。结果发现，调节定向主效应不显著，$F(1, 54)=0.018$，$p>0.05$。情绪的主效应显著，$M_{快乐}=1.256$，$M_{悲伤}=1.453$，$F(1, 54)=8.093$，$p<0.05$。情绪和调节定向的交互作用不显著，$F(1, 54)=2.221$，$p>0.05$。

表5.5 情绪和调节定向对信息选择偏好影响的方差分析

变异源	SS	df	M	F	p
校正模型	0.767ª	3	0.256	3.394	0.024
截距	115.526	1	115.526	1532.769	0.000
情绪	0.610	1	0.610	8.093	0.006
调节定向	0.001	1	0.001	0.018	0.893
情绪×调节定向	0.167	1	0.167	2.221	0.142
误差	4.447	59	0.075	—	—
总计	121.250	63	—	—	—
校正的总计	5.214	62	—	—	—

a.R 方 =0 .147（调整 R 方 = 0.104）

（四）调节定向、情绪和内隐态度偏好对信息选择偏好的影响

以信息选择偏好为因变量进行分层回归分析。第一步，调节定向、情绪和内隐态度偏好进入回归方程；第二步，调节定向、情绪和内隐态度偏好之间的交互作用进入回归方程，如表5.6所示。由表可以看出，内隐态度偏好对信息选择偏好的影响达到边缘性显著。

表5.6 信息选择偏好影响因素的分层回归分析

模型		B	SE	β	t	p	R²	F
1	常量	1.420	0.062	—	22.951	0.000	—	—
	调节定向	0.015	0.069	0.027	0.222	0.825	—	—
	情绪	−0.134	0.071	−0.231	−1.878	0.066	—	—

续表

模型		B	SE	β	t	p	R²	F
	内隐态度偏好	−0.110	0.036	−0.377	−3.054	0.004	0.237	5.602**
2	常量	1.399	0.072	—	19.515	0.000	—	—
	调节定向	0.041	0.109	0.071	0.380	0.705	—	—
	情绪	−0.087	0.098	−0.150	−0.887	0.380	—	—
	内隐态度偏好	−0.126	0.067	−0.430	−1.879	0.066	—	—
	调节定向×内隐态度偏好	−0.016	0.116	−0.040	−0.139	0.890	—	—
	调节定向×情绪	−0.058	0.152	−0.086	−0.383	0.703	—	—
	情绪×内隐态度偏好	0.123	0.107	0.302	1.144	0.258	—	—
	调节定向×情绪×内隐态度偏好	−0.112	0.159	−0.220	−0.704	0.484	0.269	2.628**

三、调节定向、情绪和外显态度偏好对信息选择偏好的影响

以信息选择偏好为因变量进行分层回归分析。第一步，调节定向、情绪和外显态度偏好进入回归方程；第二步，调节定向、情绪和外显态度偏好之间的交互作用进入回归方程，如表5.7所示。

表5.7　信息选择偏好影响因素的分层回归分析

模型		B	SE	β	t	p	R²	F
1	常量	1.435	0.057	—	25.351	0.000	—	—
	调节定向	0.004	0.066	0.008	0.066	0.948	—	—
	情绪	−0.154	0.066	−0.270	−2.333	0.023	—	—
	外显态度偏好	0.108	0.034	0.375	3.236	0.002	0.243	6.215**
2	常量	1.353	0.065	—	20.807	0.000	—	—
	调节定向	0.144	0.091	0.252	1.595	0.117	—	—
	情绪	−0.013	0.092	−0.022	−0.139	0.890	—	—
	外显态度偏好	0.216	0.067	0.747	3.239	0.002	—	—
	调节定向×情绪	−0.269	0.130	−0.402	−2.070	0.043	—	—
	调节定向×外显态度偏好	−0.145	0.090	−0.387	−1.611	0.113	—	—

续表

模型	B	SE	β	t	p	R^2	F
情绪×外显态度偏好	−0.116	0.106	−0.274	−1.102	0.275	—	—
调节定向×情绪×外显态度偏好	0.113	0.135	0.217	0.834	0.408	0.328	3.758**

由表5.7可以看出，情绪、外显态度偏好以及调节定向和情绪的交互作用对信息选择偏好的影响达到显著性水平。图5.2采用回归来分析调节定向和情绪的交互作用方式，从中可以看出，在预防定向条件下，情绪对个体信息选择偏好的影响没有差异；而在促进定向条件下，个体信息行为的选择比较依赖于情绪。具体地说，在快乐情绪时，促进定向的个体倾向于选择享乐性信息；而在悲伤情绪时，促进定向的个体倾向于选择功能性信息。

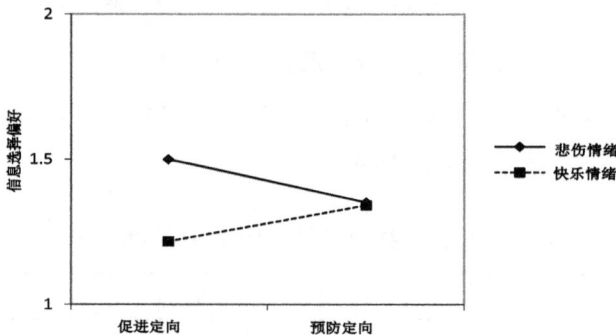

图5.2　调节定向和情绪的交互作用对信息选择偏好的影响

四、讨论和结论

前人大量研究表明，情绪在人们态度及行为中起着非常重要的作用。同样，情绪也会影响着人们对信息的态度和选择。鉴于此，实验三引入情绪这一变量，探讨它在调节定向对信息偏好的影响中所起的作用。结果发现，情绪和调节定向对信息的内隐态度偏好有交互作用。具体地说，在快乐情绪条件下，促进定向的个体更偏好于享乐性信息，预防定向的个体更偏好于功能性信息；而在悲伤情绪条件下，两种定向的个体对信息的内隐态度偏好差异不显著。为什么调节定向与情绪会对信息的内隐态度偏好产生交互影响？我们认为，与调节定向类似，情绪也具有不同的导向功能。快乐的情绪具有热切趋近导向（Labroo & Patrick，2009），当人们处于快乐状态时，会比较关注当前的享乐性体验，倾向于那些具有审美性、体验性和享乐性的信息，回避令人痛苦的信息（Wegener，Petty & Smith，1995）。而悲伤的情绪具有警惕回避功能（Labroo & Patrick，2009），当人们处于悲伤状态时，警惕性会更高，对未来的损失比较敏感（Lench，Flores & Bench，2011），所以，倾向于那些具有工具性和实际价值的信息。实验三的结论与先前学者的研究发现比较类似。比如，Salerno，Laran 和 Janiszewski（2014）认为，从情绪的功能主义视角来看，悲伤情绪对消费放纵的影响取决于享乐性饮食目标（the presence of a hedonic eating goal）是否存在，即情绪对放纵消费的影响具有目标依赖性。关注当前的享乐性体验，而不顾长期的，如维持体重、疾病预防和长寿等顾虑，那么，一个享乐性饮食目标往往导致放纵性消费。当享乐性目标激活时，悲伤的情绪体验会启动保护功能以预防未来的损失，提高一个人对潜在放纵消费后果的敏感性，从而能降低放纵的欲望（Tice & Bratslavsky，2000）。

我们研究也发现，在促进定向条件下，快乐的情绪会引发的内隐效应值显著大于在悲伤情绪条件下的；而在预防定向条件下，情绪对内隐效应的影响差异不显著，H_2 得到了证实。在促进定向条件下，个体信息行为的选择比较依赖于情绪；在预防定向条件下，情绪对个体信息选择偏好的影响没有差异。可见，在促进定向条件下，情绪对人们态度偏好或行为的影响要大于在预防定向条件下。这也与其他研究的结果一致，Pham 和 Avnet（2009）研究发现，促进定向的人处于积极的情绪状态下时，会对目标评价较高；而处于消极情绪状态下时，对目标的评价较低，且这两者的差距显著大于在预防条件定向下的。也就是说，促进定向会增加对情绪的依赖，预防定向会降低对情绪的依赖。预防定向的高警觉性（和风险规避）会使人们更加偏好并关注实质性的信息。高警觉性使人更依赖于外部的数据而非内部的自身的知识结构（Bless，Mackie & Schwarz，1992；Bless 等，1996）。而消极情绪能提高对信息的加工程度。如同预防定向一样，消极的情绪也能诱发警觉性。因为消极情绪一般有"不安全"

的信号。这种警觉性反过来促使人们更加关注外部的信息（Bless 等，1996）。另外，也有研究发现，预防定向和风险规避倾向依赖于分析性的方式来处理信息（Friedman & Förster，2000）。类似地，促进定向的热切（和风险寻求）会使人们倾向于依赖情感性信息，使用启发式策略（Friedman & Förster，2000、2001）。热切的状态使人依赖于内部的信息而非外部的信息（Bless 等，1992、1996）。义务、责任的呈现促使人们更加关注信息的实质性内容，这类似于高卷入、消极情绪和高认知需求（need-for-cognition，NFC）被激发时的中央/系统性加工模式。理想的呈现会促使人们更加爱关注主观情感反应，这与低卷入、积极情感和低认知需求时的周边/启发式加工模式类似（Bless，Bohner，Schwarz & Strack，1990）。

综上所述，实验三研究发现，情绪和调节定向会影响人们的信息态度偏好和选择偏好，不同调节定向的个体的信息态度偏好（内隐的）和信息选择偏好会因情绪的不同而不同。实验三验证了调节定向与情绪共同影响着人们的信息偏好。

实验三研究结论：

调节定向和情绪对个体的信息偏好有影响：在快乐的情绪状态下，促进定向的个体更偏好享乐性信息，预防定向的个体相对地更偏好于功能性信息；而在悲伤的情绪条件下，不同定向的个体间的信息偏好差异不显著，且相对地偏好于功能性信息。

第三节 调节定向和无提示来源的情绪对信息偏好的影响及其机制（实验四）

一、引 言

实验四的目的有两个：首先，要进一步验证无提示来源的情绪和调节定向对个体信息偏好的影响，通过不同于实验三的变量的启动方法和实验材料，向被试呈现享乐性信息和功能性信息内容，来探讨情绪和调节定向的影响。其次，要进一步探讨情绪和调节定向交互对信息偏好影响的机制是什么？实验三结果发现，调节定向与情绪对内隐偏好和选择偏好影响比较一致，那么内隐态度在调节定向和情绪对信息选择中是否起着中介作用？

不同动机系统影响着实现目标的策略，进而可能影响注意的焦点。个体促进动机或行为激活系统处于支配地位时，他们热切趋向导致积极结果的行为；而个体预防动机或者行为抑制系统处于支配地位时，他们警惕回避导致消极结果的行为（Carver & White，1994；Higgins，2000）。这些不同的实现目标策略导致不同的注意焦点，并因此产生对内部或外部信息不同程度的依赖。热切策略会导致更加依赖内部信息；而警惕策略会导致更加依赖外部信息（Bless等，1992、1996）。一些跨文化的研究也发现，独立型自我的个体倾向于关注内部，而依存型自我的个体倾向于关注外部（Morris & Peng，1994）。有研究证明，独立型自我的个体一般是促进调节定向，依存型自我的个体一般是预防调节定向（Lee，Aaker & Gardner，2000）。可见，调节定向不同的个体，他们注意的焦点也会有所不同。

在判断时注意的内部或外部聚焦会影响对情绪的依赖程度。对倾向于监控内部状态的个体来说，瞬时的情绪一般比较凸显，因而情绪很容易融入判断评价中。对于关注外部的个体来说，他们很少监控他们的内部状态，因而也一般意识不到他们的瞬时情绪。Pham和Avnet（2004）研究表明，人们在促进调节定向（关注内部，热切状态）时，会更多地依赖情绪反应；相反，人们在预防调节定向（关注外部，警惕状态）时，会更多地依赖实质性信息，可见，不同的调节定向对情绪信息的依赖程度是有差异的。Adaval（2001）从消费者消费动机角度出发，发现当消费者拥有体验性（而非实用性）消费动机时，他们对享乐性（而非功能性）产品更可能使用情绪性信息。这种对情绪的依赖也取决于消费者认知资源的可得性以及个体差异（Pham & Avnet，2004）。

长期的或特质性的热切—回避倾向对情绪也会产生影响。行为激活系统（behavioral activation system，BAS）与积极的情绪体验相关，而行为抑制系统（behavioral inhibition system，BIS）与消极的情绪体验相关（Carve & White，1994）。BAS占主导地位的个体一般更容易感到积极效价的情绪，而BIS占主导地位的个体一般更容易感到消极效价的情绪。在这方面，Gable，Reis & Elliot（2000）的研究提供了有力的证据，他们发现积极事件和情绪与高BAS有较强的相关，相反，高BIS的个体报告较多的消极情绪。类似的，Dillard和Anderson（2004）也发现，高（相对较低的）BIS的个体会感受到更大的恐惧情绪，BAS高低并不会影响恐惧的强度。

情绪体验影响着人们感知和与世界交互的方式。与消极情绪相比，积极情绪使人们更加依赖于可得性的认知、想法和反应。例如，当人们在积极情绪（vs.消极情绪）时，更可能出现可得性图示（Bless等，1996）、刻板印象（Isbell，2004）等，从而影响人们的判断和反应。研究者也发现，人们在积极情绪比在消极的情绪下对说服信息的判断会更有信心（Briñol，Petty & Barden，2007）。在积极的情绪下，人们可能表现得更加感性，更容易依赖一些认知捷径，如容易检索的启发式策略（Ruder & Bless，2003）。Huntsinger & Smith（2009）通过两个实验探讨情绪对内隐和外显态度偏好关系影响的研究，发现当人们在积极的情绪（非消极情绪）时，倾向于证实他们的即时反应，内隐和外显态度偏好一致性达到显著性水平。

对一个特定目标的态度，外显和内隐态度或汇聚或分离。如果它们汇聚，则对行为的预测是显而易见的，二者都可能对人的行为产生影响。内隐态度可以在外显态度的基础上更进一步提高对行为的预测力（Maison，Greenwald & Bruin，2004）。然而，外显和内隐的态度有时是分离的，受多种因素的调节，如个体是否愿意或能够真实地表现出外显态度（Hofmann，Gschwendner，Nosek & Schmitt，2005）；Friese等人（2006）发现，个体对一般食品和著名的食品外显的和内隐的态度不一致时，他们在有时间压力的情况下会倾向于根据内隐态度进行选择；在有充足的时间情况下，情况则相反。可见，有时间压力，即在冲动时，人们更依赖内隐态度进行选择。

以往的研究者较多从调节定向和情绪对一些外显心理变量的影响入手，尚未或很少探讨情绪和调节定向对个体内隐的心理变量、行为变量及其之间的关系的影响。实验三研究发现，情绪和调节定向的交互对外显态度偏好影响不显著，而对内隐态度偏好、选择偏好影响显著。根据相关研究，并受实验三结果的启发，我们推测外显的态度偏好和内隐的态度偏好可能不一致，调节定向和情绪的交互对外显的态度偏好、内隐的态度偏好和行为的作用是不同的。具体地说，我们拟考证以下假设：

H_1：调节定向和情绪的交互对个体信息的偏好会产生影响。

H_2：情绪和调节定向影响信息内隐态度偏好与信息外显态度偏好的一致性。

H_3：情绪和调节定向的交互对信息选择偏好的影响是通过内隐态度偏好为中介作用实现的。

二、方　法

（一）被　试

有71名浙江大学本科生和研究生参加实验四，剔除其中5名无效数据。其余66名被试中男生24名，女生42名，平均年龄22.59岁。所有被试均未参加过类似的实验，均系自愿参加实验，在实验结束后发给每名被试一个小礼物作为报酬。

（二）实验设计

采用2（调节定向：促进定向/预防定向）×2（情绪：快乐/伤心）被试间设计，将被试分为4组，分别接受不同的实验处理。因变量是对信息的内隐态度偏好、外显的态度偏好及信息选择偏好的行为。

（三）研究材料与工具

调节定向的启动　实验四采用两种不同的方法来操纵调节定向：让被试回忆报告任务和一项有关词分类任务。

首先是回忆任务。要求促进定向条件下的被试写下他们的希望和愿望，预防定向条件下的被试写下他们的责任和义务。具体情况如下。

促进定向：我们每个人都会有一些希望、梦想和愿望（即那些我们想要追求的事或者想要成为的人，如获得梦寐以求的奖项、取得某种成就等）。请您列举过去和现在所拥有的希望或愿望（各两项），写在下面的空白处。

你过去的希望或愿望：＿＿＿＿＿＿＿＿＿；＿＿＿＿＿＿＿＿＿。

你现在的希望或愿望：＿＿＿＿＿＿＿＿＿；＿＿＿＿＿＿＿＿＿。

预防定向：我们每个人都会有一些职责、责任和义务（即那些我们觉得必须要做的，如纳税、找工作、照看生病的父母等）。请您列举过去和现在所拥有的职责或义务（各两项），写在下面的空白处。

你过去的责任或义务：＿＿＿＿＿＿＿＿＿；＿＿＿＿＿＿＿＿＿。

你现在的责任或义务：＿＿＿＿＿＿＿＿＿；＿＿＿＿＿＿＿＿＿。

接下来，让被试完成选词归类任务，通过与目标有关的词来启动调节定向。根据Lockwood等（2002）采用的词归类方法，向被试呈现一组词汇，每组中分别包含促进或预防定向相关的部分词和一些中性词，让被试对这些词进行分类。如启动促进定向时，向被试呈现词汇："钢笔、避免、预防、拒绝、直尺、错误、墨水、挣扎、计算器、练习本、落选、败北、橡皮、失望、文件夹、挫败、失败、圆珠笔、修正液、防止、铅笔、订书机、挫折、圆规"。让被试把这些词汇分为两类，并把同属于"奋斗"一类的全部词都写出来。

情绪启动　同实验三。

信息选择偏好测量　与前面实验不同，实验四是向被试呈现具体的信息内容，如功能性信息："养老金'双轨制'的终结——《关于机关事业单位工作人员养老保险制度改革的决定》的发布标志着养老金'双轨制'正式终结。这次改革以后，机关事业单位工作人员与企业员工一样，都需履行缴费义务，由用人单位按职工工资的20%缴纳养老保险费、个人按本人工资的8%缴纳养老保险费。"同时呈现另一个享乐性信息，让被试在这两个信息中选择一个进行观看。

信息的享乐性和功能性检验　为了确定实验四选择的信息符合功能性或享乐性信息的要求，实验四采用了语义差别量表进行检验（刘国华，2008），由4个测试项目组成，其中两项是"有趣的"还是"无趣的"、"愉悦的"还是"非愉悦的"；另两项分别是"实用的"还是"非实用的"，"可有可无的"还是"必要的"，采用的是7点量表。

外显态度偏好测量　同实验一。

内隐态度偏好测量　同实验二。

（四）实验程序

采用计算机测验的形式进行。

首先，填写编号，启动调节定向和情绪；其次，开始做相关问卷，包括外显态度偏好问卷、信息选择偏好问卷及其信息检验性问卷；最后，在计算机上进行内隐态度偏好的测量。

（五）数据处理

实验结果采用SPSS 17.0统计软件进行分析。

三、结　果

（一）信息享乐性和功能性检验

通过配对样本 t 检验，结果发现，享乐性信息的享乐性显著高于功能性，而功能信息的功能性也显著大于其享乐性，表明享乐性信息和功能性信息的操作是成功的（见表5.8）。

表5.8　信息享乐性和功能性 t 检验

信息		M	SD	t	p
享乐信息	享乐性	3.555	1.406	4.330	0.000
	功能性	2.766	1.363		
功能信息	享乐性	3.438	1.233	−10.848	0.000
	功能性	5.836	1.386		

（二）调节定向和情绪对外显态度偏好的影响

以调节定向和情绪为自变量，以外显态度偏好（对享乐性信息的态度偏好维度的平均分减去对功能性信息的态度偏好维度的平均分）为因变量进行方差分析（见表5.9）。结果发现，调节定向、情绪以及二者的交互作用对外显态度偏好的影响均不显著。

表5.9　情绪和调节定向对外显态度偏好的方差分析

变异源	SS	df	M	F	p
校正模型	4.952ᵃ	3	1.651	0.674	0.571
截距	174.945	1	174.945	71.385	0.000
情绪	1.072	1	1.072	0.437	0.511
调节定向	3.075	1	3.075	1.255	0.267
情绪×调节定向	0.864	1	0.864	0.353	0.555
误差	151.945	62	2.451	—	—
总计	333.625	66	—	—	—
校正的总计	156.898	65	—	—	—

a R 方 =0.032（调整 R 方 = −0.015）

因为方差分析不能排除一些控制变量，为了进一步验证调节定向、情绪和外显态度偏好三者之间的关系，我们采用了多层回归的方法，将外显态度偏好设为因变量，依次引入控制变量（性别、年龄）、自变量（调节定向）和调节变量（情绪），最后加入自变量和调节变量的乘积项。为了消除共线性，在构造自变量和调节变量的乘积项时，我们将自变量和调节变量分别进行了标准化。我们发现，调节定向与情绪之间的交互对外显态度偏好作用不显著[F（1，60）=1.267，$p > 0.05$]。

（三）调节定向和情绪对内隐态度偏好的影响

以调节定向和情绪为自变量，以内隐态度偏好为因变量进行方差分析（见表5.10）。结果发现，调节定向与情绪的主效应不显著。情绪和调节定向的交互作用达到边缘性显著，F（1，56）=3.262，$p = 0.076$。

表5.10　情绪和调节定向对内隐态度偏好的方差分析

变异源	SS	df	M	F	p
校正模型	0.624ᵃ	3	0.208	1.188	0.323
截距	0.723	1	0.723	4.128	0.047
情绪	0.029	1	0.029	0.166	0.685

续表

变异源	SS	df	M	F	p
调节定向	0.021	1	0.021	0.119	0.731
情绪×调节定向	0.571	1	0.571	3.262	0.076
误差	9.802	56	0.175	—	—
总计	11.152	60	—	—	—
校正的总计	10.426	59	—	—	—

a.R 方 = 0.060（调整 R 方 = 0.009）

因为方差分析不能排除一些控制变量，为了进一步验证调节定向、情绪和内隐态度偏好三者之间的关系，我们采用了多层回归的方法，将内隐态度偏好设为因变量，依次引入控制变量（性别、年龄）、自变量（调节定向）和调节变量（情绪），最后加入自变量和调节变量的乘积项。为了消除共线性，在构造自变量和调节变量的乘积项时，我们将自变量和调节变量分别进行了标准化。分析结果列在表5.14中，从表中我们可以看出调节定向与情绪之间的交互会对内隐态度偏好产生显著的影响（M_4，$\beta = 0.370$，$p < 0.05$）。

（四）调节定向和情绪对信息选择偏好的影响

以调节定向和情绪为自变量，以信息选择偏好为因变量进行方差分析（见表5.11）。结果发现，调节定向主效应不显著，$F_{(1, 62)} = 0.381$，$p > 0.05$。情绪的主效应显著，$F_{(1, 62)} = 5.221$，$p < 0.05$。情绪和调节定向的交互作用显著，$F_{(1, 62)} = 4.672$，$p < 0.05$。

表5.11　情绪和调节定向对信息选择偏好影响的方差分析

变异源	SS	df	M	F	p
校正模型	2.082[a]	3	0.694	3.335	0.025
截距	179.822	1	179.822	864.076	0.000
情绪	1.087	1	1.087	5.221	0.026
调节定向	0.079	1	0.079	0.381	0.539
情绪×调节定向	0.972	1	0.972	4.672	0.035

续表

变异源	SS	df	M	F	p
误差	12.903	62	0.208	—	—
总计	195.000	66	—	—	—
校正的总计	14.985	65	—	—	—

a.R 方 = 0.139（调整 R 方 = 0.097）。

为了进一步了解情绪和调节定向对信息选择偏好的交互作用，我们进行了简单的效应分析。检验被试的情绪在不同调节定向上差异的结果表明（见表5.12）：在促进定向条件下，快乐情绪对信息选择偏好的影响（$M=1.438$）与悲伤情绪时的（$M=1.938$）差异显著，$F(1, 62)=9.610$，$p<0.05$，表明促进定向条件下的被试在快乐时偏好于享乐性信息，在悲伤时偏好于功能性信息；而在预防定向条件下，快乐情绪对信息选择偏好的影响（$M=1.611$）与悲伤情绪时的（$M=1.625$）差异不显著，$F(1, 62)=0.008$，$p=0.930$。

表5.12　调节定向在不同情绪上对选择偏好的差异性分析

调节定向		SS	df	SD	F	p
促进定向	对比	2.000	1	2.000	9.610	0.003
	误差	12.903	62	0.208	—	—
预防定向	对比	0.002	1	0.002	0.008	0.930
	误差	12.903	62	0.208	—	—

每个 F 在其他显示效应的每个级别组合中检验情绪的简单效应。这些检验基于估算边际均值间的线性独立成对比较。

使用 alpha 的计算结果等于0.05。

综上所述，我们可以看出，情绪在调节定向对信息选择偏好影响中起着调节作用。具体地说，在促进定向条件下，快乐时个体偏好于享乐性信息（$M=1.438$，$SD=0.512$），悲伤时个体偏好于功能性信息（$M=1.938$，$SD=0.250$）；而在预防定向条件下，情绪对信息选择偏好的影响差异不显著（$M_{快乐}=1.611$，$SD=0.502$；$M_{悲伤}=1.625$，$SD=0.500$）（见图5.3）。

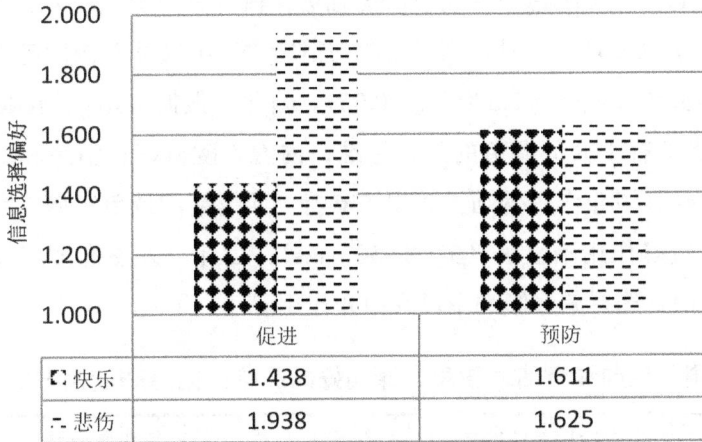

	促进	预防
快乐	1.438	1.611
悲伤	1.938	1.625

图5.3　情绪和调节定向对信息选择偏好的影响

（五）情绪和调节定向对内隐—外显态度偏好影响的一致性

通过相关分析发现，在快乐时，内隐态度偏好和外显态度偏好相关显著；在悲伤时，内隐态度偏好和外显态度偏好相关不显著；而在促进定向和预防定向条件下，内隐态度偏好和外显态度偏好相关都不显著。H_2得到了部分验证（见表5.13）。

表5.13　在不同调节定向条件下内隐—外显态度偏好的相关性

内隐态度偏好	外显态度偏好			
	快乐条件	悲伤条件	促进定向	预防定向
r	0.371*	0.113	0.125	0.226
p	0.036	0.566	0.527	0.222

（六）内隐态度偏好在调节定向和情绪对信息选择偏好的影响中的中介作用

通过回归分析（见表5.14），结果发现，情绪和调节定向的交互对信息选择偏好具有显著的影响（M_9, $\beta = -0.259$，$p < 0.05$）。在加入内隐态度偏好（中介变量）后，调节定向和情绪的交互对信息选择偏好的影响变为不显著（M_{10},

$\beta = -0.104$，n.s），且内隐态度偏好对信息选择偏好具有显著的负向影响（M_{10}，$\beta = -0.316$，$p < 0.05$）。同时，调节定向与情绪之间的交互对内隐态度偏好影响达到显著性水平（M_4，$\beta = 0.370$，$p < 0.05$）。因此，根据 Muller，Judd 和 Yzerbyt（2005）提出的有中介的调节的判别标准，内隐态度偏好在情绪和调节定向对信息选择偏好有中介作用得到了数据的支持。而情绪和调节定向二者的交互对外显的态度偏好作用不显著（$\beta = 0.050$，n.s），因此，外显态度偏好在情绪和调节定向对信息选择偏好影响中没有中介作用。

表5.14　调节定向和情绪对信息选择偏好的影响：内隐态度偏好的中介作用

项目	内隐态度偏好				行为选择偏好					
	M_1	M_2	M_3	M_4	M_5	M_6	M_7	M_8	M_9	M_{10}
控制变量										
性别	0.186	0.196	0.196	0.356**	0.019	0.019	0.043	0.024	−0.089	0.008
年龄	−0.125	−0.138	−0.137	−0.072	0.272**	0.269**	0.172	0.261**	0.204*	0.130
自变量										
调节定向	—	−0.103	−0.103	−0.100	—	−0.056	—	−0.049	−0.050	−0.063
调节变量										
情绪	—	—	−0.015	−0.026	—	—	—	0.254**	0.253**	0.248**
交互效应										
调节定向×情绪	—	—	—	0.370**	—	—	—	—	−0.259**	−0.104
中介效应										
内隐态度偏好	—	—	—	—	—	—	−0.346**	—	—	−0.316**
R^2	0.057	0.067	0.067	0.177	0.073	0.076	0.162	0.141	0.194	0.232
ΔR^2	0.023	0.017	0.000	0.101	0.043	0.031	0.117	0.084	0.126	0.145
F	1.707	1.338	0.989	2.319*	2.476*	1.700	3.598**	2.495*	2.881**	2.664**

注：** $p < 0.05$，* $p < 0.1$。

根据以上数据分析，我们可以建立以下模型，如图5.4所示：

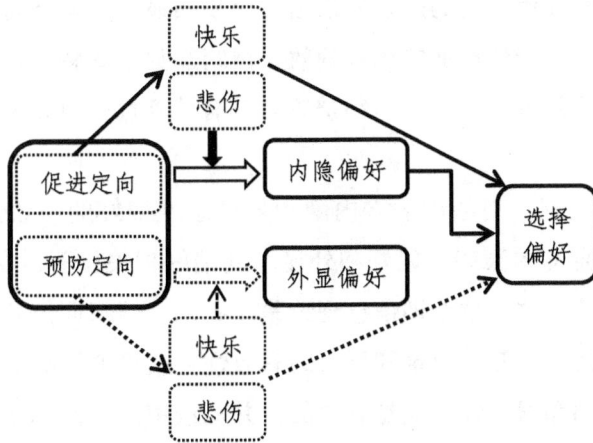

图 5.4　信息偏好中调节定向和情绪交互效应的模型

注：实线表明变量间影响显著，虚线表明变量间影响不显著。

四、讨论和结论

实验四探讨情绪和调节定向的交互效应。结果表明，促进定向条件下的被试更依赖情绪进行信息选择，而预防定向条件下的被试信息的选择不易受情绪的影响。再次证明了不同调节定向的个体对情绪的依赖程度是不同的。以往的许多研究也都在不同程度上支持了这一研究发现。例如，Pham 和 Avnet（2009）研究发现，在促进定向条件下，人们对情感启发式的依赖要显著大于在预防定向条件下的。在进行判断和决策时，以热切为特征的促进调节定向可能更容易受到情绪的影响，促进启发式方法的使用（Friedman & Förster，2001）；而以警惕为特征的预防调节定向可能会尽量降低情绪的作用，引起更多的分析式加工（Friedman & Förster，2000），倾向于减少对情绪的依赖。

然而，也有研究发现，不管人们的动机是趋近的还是回避的，积极情绪都可以作为产品满意度判断的一个重要来源，而消极情绪作为判断来源只能在人们的动机是趋近的条件下。具体地说，在趋近条件下，人们更容易受情绪的影响，积极的情绪有助于形成积极的评价，消极的情绪有助于形成消极的评价。而在回避动机条件下，人们的评价只受积极情绪的影响，即积极情绪促进积极评价，而消极情绪对判断评价的影响不显著。趋近导向的个体可能会监控他们的内部状态，使任何效价的短暂的情绪都比较凸显。回避导向的个体可能更加关注外部环境，对于他们通常体验的效价情绪知觉不敏感。相反，只有那些和他们特质性情绪效价不匹配的情绪被感知具有诊断性，可以影响判断（Kramer & Yoon，2007）。

实验四还发现，情绪影响着内隐和外显态度偏好的一致性。在快乐条件下，个体对信息的内隐态度偏好和外显态度偏好相关显著；在悲伤的条件下，二者相关不显著。这与情绪即信息理论是一致的。情绪即信息模型提出，情绪线索是显示可得性认知、思维和反应的有效性（或价值）的信号。积极的情绪显示可得性认知和习惯性反应是有效的，并促进使用它们；而消极情绪显示它们是无效的，会阻止使用它们（Bless、Clore 等，1996；Briñol 等，2007）。Huntsinger 等人认为，人们在积极的情绪下比在消极的情绪下会显示出较高的内隐—外显的态度一致性，因为人们在积极情绪时会认为他们的外显态度是一个有效的依据。情绪线索可以直接显示内隐态度的有效性，积极的情绪显示它是有效的，而消极的情绪显示它是无效的。人们在积极的情绪（vs.消极的情绪）下，首先想到的内容被认为是最佳的（first thought，best thought）。在积极情绪时，内隐和外显态度相关达到显著水平；在消极情绪时，内隐和外显态度相关不显著，也就是说，情绪调节着内隐—外显态度的一致性（Huntsinger & Smith，2009）。

另外，我们通过回归分析和有调节的中介效应的检验程序结果发现，内隐态度偏好在调节定向和情绪对信息选择偏好的影响中具有中介作用，而外显态度偏好不具有中介作用。可以看出，内隐态度偏好在某些情况下比外显态度偏好具有更高的预测力。实验四的这一发现与以往类似的研究结论是基本吻合的。Asendorpf 等（2002）和 Perugini（2005）研究认为，外显和内隐态度对不同行为的预测力是不同的，内隐态度对自动化的、没有意识控制的行为预测力较高，而外显态度对有意识的、控制的行为预测力较高。Greenwald 等（2009）对 122 个研究进行元分析，结果发现，IAT 对行为、判断和生理指标测量的平均预测效度为 $r=0.274$；对 156 个研究样本的外显（如自我报告）测量结果发现，其平均预测效度为 $r=0.361$，但效应大小变化范围较大。对于一些社会敏感话题，人们会掩饰自己，通过一些方法（如印象管理）使自我报告失真，导致自我报告的预测效度降低。他们通过32个跨种族行为研究样本分析发现，IAT的预测效度显著高于自我报告测验的。研究还发现，IAT和自我报告测验关联程度越高，它们的预测效度也就越高。IAT在消费心理学的研究领域里也被认为是一种有效的研究工具。Maison等（2004）探讨了消费者的外显的和内隐的态度，发现IAT比单独应用外显测量能够提高对行为的预测力。

实验四研究结论：

（1）调节定向和情绪的交互对信息的内隐态度偏好和选择偏好均有显著的影响；在促进定向条件下，个体更依赖于情绪进行信息选择，快乐时倾向于偏好享乐性信息，悲伤时倾向于偏好功能性信息；在预防定向条件下，个体信息偏好差异不显著。

（2）情绪调节着内隐—外显态度偏好的一致性。

（3）内隐态度偏好在调节定向和情绪对信息选择偏好的影响中具有中介作用。

第四节　调节定向和有提示来源的情绪对信息偏好的影响（实验五）

一、引　言

实验五的主要研究目的是在实验四的基础上，探讨当提示情绪来源时，调节定向和情绪对个体的态度偏好和行为有什么影响，研究结果和实验四有什么不同。

当人们对事物进行评价判断时，经常把当时所处的情绪视为一种信息资源，会问自己"我对它感觉如何"，从他们自身的情绪来推测他们对这个事物的喜欢程度。残留的情绪状态作为信息注入对无关的事物的评价判断中。例如，糟糕的天气使心情不好，这会对生活满意度评价更为消极（Schwarz & Clore，1983）。然而，情绪即信息有一个这样的结论：当人们感觉情绪与判断相关时，人们才会依赖情绪进行判断（Pham，1998）。当凸显情绪产生的来源时，情绪对判断和决策的影响倾向于降低（Raghunathan，Pham & Corfman，2006）。Kramer，Yucel-Aybat 和 Lau-Gesk（2011）根据情绪即信息模型，发现幸灾乐祸情绪体验具有影响人们选择判断的信息功能，当信息价值遭到破坏时，这种情绪体验不再具有影响判断或评价的信息性。他们把被试随机地分为四组：2（情绪启动：幸灾乐祸 vs.快乐）×2（情绪来源凸显：高 vs 低）。在情绪来源高凸显组，要求被试在进行判断之前先回答问题，如 "你现在的情绪状态在多大程度上是由你刚才写下的任务引起的？" 7点量表，由 "1=一点也不" 到 "7=非常"。在情绪来源低凸显组，被试没有做这样的测量（Raghunathan 等，2006）。研究结果发现，在情绪低凸显组（即无来源提示组），启动幸灾乐祸条件下的被试倾向于选择折中选项（83%），高于启动快乐条件下的（68%）。相反，在情绪高凸显组（来源提示组），幸灾乐祸条件下的被试选择折中选项的比例降低了（53%），低于启动快乐条件下的（76%）。也就是说，当幸灾乐祸情绪有明确的来源提示时，人们倾向于较少地选择折中选项。

Scott 和 Cervone（2002）探讨了消极情绪对自我调节认知的作用，发现消极情绪可以诱发较高的绩效标准，通过折扣效应验证了情绪即信息理论。他们把被试分成5组（非凸显的消极情绪、凸显消极情绪、非凸显中性情绪、凸显中性情绪、认知启动）（Experiment 1）。在凸显情绪组，让被试意识到事件诱发的情绪；在非凸显情绪组，不让被试注意到事件诱发的情绪。情绪信息理论就是通过比较凸显和非凸显情绪诱发的效应进行检验情绪的信息性。该理论预测只有在情绪非凸显条件下，消极情绪会影响自我调节认知，而在消极情绪凸显的条件下，这种影响效应会打折扣。正如预期的那样，诱发消极情绪在非凸显的条件下可以产生较高的绩效标准下限，而在凸显条件下绩效和控制组没有差异。Schwarz 和 Clore（2003）认为，在任务情境中，当人们内隐地评价他们对当下的理解、期望和倾向时，体验的积极情绪如同自我效能一样，对判断和评价产生影响。Seo，Barrett，和 Bartunek（2004）提出，当绩效反馈缺失或不清晰时，人们会使用当前的情绪状态去推断任务的进展。这种观点与情绪即信息模型是一致的（Schwarz & Clore，1983、2003），即人们把当时的情绪作为一种关于评价目标的诊断性信息时，会影响随后的各种各样的判断。

根据以上研究发现以及实验四的结论（调节定向和无提示来源情绪对信息选择偏好和内隐态度偏好的交互作用显著），我们提出下列假设：

H_1：当提示情绪来源时，情绪和调节定向对信息选择偏好的交互作用会减弱。

H_2：当提示情绪来源时，情绪和调节定向对信息的内隐态度偏好的交互作用会减弱。

二、方　法

（一）被　试

有70名浙江大学本科生和研究生参加实验五，剔除其中6名无效数据。其余64名被试中男生42名，女生32名，平均年龄19.64岁。所有被试均未参加过类似的实验，均自愿参加实验，在实验结束后发给每名被试一个小礼物作为报酬。

（二）实验设计

采用2（调节定向：促进定向/预防定向）×2（有提示来源的情绪：快乐/伤心）被试间设计，将被试分为4组，分别接受不同的实验处理。因变量是对信息的内隐态度偏好、外显的态度偏好及信息选择偏好。

（三）研究材料与工具

调节定向、情绪启动及测量问卷等研究材料除了增加提示情绪来源的问卷（见附录四）外其他的与实验四相同。

（四）实验程序

采用计算机测验的形式进行。

首先，填写编号，启动调节定向和情绪，然后开始做相关问卷，包括外显态度偏好问卷，信息选择偏好问卷及其信息检验性问卷。最后，在计算机上进行内隐态度偏好的测量。

（五）数据处理

实验结果采用SPSS 17.0统计软件进行分析。

三、结 果

（一）调节定向和情绪对外显态度偏好的影响

以调节定向和有提示来源的情绪为自变量，以外显态度偏好（对享乐性信息的态度偏好维度的平均分减去对功能性信息的态度偏好维度的平均分）为因变量进行方差分析（见表5.15）。结果发现，$F_{(3, 60)}=1.783$，$p=0.160$，情绪的主效应显著，调节定向及其与情绪二者的交互作用对外显态度偏好的影响均不显著。

（二）调节定向和情绪对信息选择偏好的影响

以调节定向和有提示来源的情绪为自变量，以信息选择偏好为因变量进行方差分析（见表5.16）。结果发现，情绪的主效应边缘性显著，$F_{(1, 60)}=3.769$，$p=0.057$。调节定向的主效应、情绪和调节定向的交互作用不显著。

表5.15　情绪和调节定向对外显态度偏好的方差分析

变异源	SS	df	M	F	p
校正模型	12.581[a]	3	4.194	1.783	0.160
截距	125.860	1	125.860	53.512	0.000
情绪	10.767	1	10.767	4.578	0.036
调节定向	0.009	1	0.009	0.004	0.951
情绪 * 调节定向	1.806	1	1.806	0.768	0.384
误差	141.121	60	2.352	—	—
总计	279.563	64	—	—	—
校正的总计	153.702	63	—	—	—

a R 方 = 0.082（调整 R 方 = 0.036）

表5.16　情绪和调节定向对信息选择偏好影响的方差分析

变异源	SS	df	M	F	p
校正模型	1.172[a]	3	0.391	1.923	0.135
截距	185.641	1	185.641	913.923	0.000

变异源	SS	df	M	F	p
情绪	0.766	1	0.766	3.769	0.057
调节定向	0.016	1	0.016	0.077	0.782
情绪 * 调节定向	0.391	1	0.391	1.923	0.171
误差	12.188	60	0.203	—	—
总计	199.000	64	—	—	—
校正的总计	13.359	63	—	—	—

a.R 方 = 0.088（调整 R 方 = 0.042）。

（三）调节定向和情绪对内隐态度偏好的影响

以调节定向和情绪为自变量，以内隐态度偏好为因变量进行方差分析（见表5.17）。结果发现，调节定向与情绪的主效应不显著。情绪和调节定向的交互作用显著，$F_{(1, 53)} = 9.187$，$p < 0.05$。

表5.17　情绪和调节定向对内隐态度偏好的方差分析

变异源	SS	df	M	F	p
校正模型	0.901[a]	3	0.300	3.761	0.016
截距	0.650	1	0.650	8.143	0.006
情绪	0.156	1	0.156	1.950	0.168
调节定向	0.000	1	0.000	0.002	0.964
情绪 × 调节定向	0.733	1	0.733	9.187	0.004
误差	4.230	53	0.080	—	—
总计	5.817	57	—	—	—
校正的总计	5.131	56	—	—	—

a.R 方 = 0.176（调整 R 方 = 0.129）。

为了进一步了解情绪和调节定向之间的交互作用，我们进行了简单效应分析（见表5.18~5.20）。结果表明，在快乐条件下，促进定向（$M = -0.170$）与预防定向（$M = 0.061$）对信息的内隐态度偏好的影响差异显著，$F_{(1, 53)} = 4.653$，$p < 0.05$。在悲伤条件下，促进定向（$M = -0.047$）与预防定向（$M = -0.271$）对信

息的内隐态度偏好的影响差异也显著，$F(1, 53)=4.534$，$p<0.05$。

表5.18　情绪和调节定向对内隐态度偏好影响的均值比较

情绪	调节定向	均值	标准误差	95% 置信区间	
				下限	上限
快乐	促进定向	−0.170	0.076	−0.321	−0.018
	预防定向	0.061	0.076	−0.091	0.212
悲伤	促进定向	−0.047	0.076	−0.199	0.104
	预防定向	−0.271	0.073	−0.417	−0.125

表5.19　成对比较

情绪	(I) 调节定向	(J) 调节定向	均值差值 (I-J)	标准误差	Sig.ᵃ	差分的 95% 置信区间ᵃ	
						下限	上限
快乐	促进定向	预防定向	−0.230*	0.107	0.036	−0.445	−0.016
	预防定向	促进定向	0.230*	0.107	0.036	0.016	0.445
悲伤	促进定向	预防定向	0.224*	0.105	0.038	0.013	0.434
	预防定向	促进定向	−0.224*	0.105	0.038	−0.434	−0.013

基于估算边际均值

a. 对多个比较的调整：Sidak

*. 均值差值在 0.05 水平上较显著

表5.20　情绪在不同调节定向上对内隐态度偏好的差异性分析

情绪		SS	df	SD	F	p
快乐	对比	0.371	1	0.371	4.653	0.036
	误差	4.230	53	0.080	—	—
悲伤	对比	0.362	1	0.362	4.534	0.038
	误差	4.230	53	0.080	—	—

每个 F 在其他显示效应的每个级别组合中检验调节定向的简单效应。这些检验基于估算边际均值间的线性独立成对比较。

使用 alpha 的计算结果等于 0.05。

检验被试的调节定向在不同情绪上差异的结果表明（见表5.21）：在促进定向条件下，快乐情绪对内隐的影响（$M=-0.170$）与悲伤情绪时的（$M=-0.047$）影响差异不显著，$F（1，53）=1.314$，$p>0.05$；而在预防定向条件下，快乐情绪对内隐态度偏好的影响（$M=0.061$）与悲伤情绪时的（$M=-0.271$）差异显著，$F（1，53）=9.970$，$p<0.05$。

表5.21　调节定向在不同情绪上对内隐态度偏好的差异性分析

情绪		SS	df	SD	F	p
促进定向	对比	0.105	1	0.105	1.314	0.257
	误差	4.230	53	0.080	—	—
预防定向	对比	0.796	1	0.796	9.970	0.003
	误差	4.230	53	0.080	—	—

每个 F 在其他显示效应的每个级别组合中检验"情绪"的简单效应。这些检验基于估算边际均值间的线性独立成对比较。

a 使用 alpha 的计算结果等于0.05。

四、讨论与结论

在实验五中，我们改变了实验三或四一个变量，即把无提示来源的情绪改为有提示来源的情绪，探讨在有提示来源情绪条件下，情绪和调节定向对个体的信息态度偏好和选择偏好的影响。结果发现，调节定向和有提示来源情绪对信息外显态度偏好、选择偏好的模型 F 值均没有达到显著性水平，情绪和调节定向对信息的外显态度偏好、选择偏好都没有交互效应。该结论和前面无提示情绪来源的实验结论不尽相同。这可能是因为当提示情绪来源后，情绪的影响和调节定向的交互作用会减弱或消失。这和情绪即信息的模型是吻合的。情绪即信息模型有个重要的推论——折扣假设（discounting hypothesis），即当情绪没有归因于其他因素（无情绪来源提示）时，在一定程度上具有信息性。情绪是否影响着随后的判断取决于是否有一个外部刺激被视为影响情绪的原因。如果情绪有个很明显的影响因素，对于不相关领域的评价来说就是一个无关紧要的信息来源。比如，在对天气和生活满意度关系的研究中，当被试注意到天气时，消极情绪对于生活满意度的影响就会消失（Schwarz & Clore，1983）。人们在进行决策选择时往往会受到情绪的影响，因为情绪可以提供一些关于选项价值的诊断性的信息，这些情绪不管是由目标实际引发的，还是偶然发生的（Kramer & Yoon，2007；Schwarz & Clore，1983）。例如，在（音乐）诱发的积极情绪下，消费者对新产品产生的态度要好于消极的情绪条件下的，但这里需要一个限定条件：个体没有意识到音乐是情绪产生的因素（Gorn，Goldberg & Basu，1993）。

实验五发现在有情绪来源提示时，调节定向和情绪对内隐态度偏好的交互作用达到显著性水平。这看似和情绪折扣效应有矛盾，但在以往的研究中，学者基本上都在人们的意识层次上来探讨情绪的折扣效应，很少有研究者在内隐无意识层次上对情绪是否具有信息性进行探讨。在我们的研究中，提示情绪来源时，情绪和调节定向对内隐态度偏好仍存在着交互作用，并没有发生情绪的折扣效应，由此我们推测情绪即信息模型在个体内隐和外显态度偏好或行为中的作用机制可能不同。另外，为了进一步了解情绪和调节定向的交互作用，我们进行了简单效应分析，结果发现，在无情绪来源提示实验三里，促进定向的个体更容易受情绪的影响，表现为快乐的个体对享乐性信息持有较积极的态度，悲伤的个体对功能性信息持有较积极的态度；而预防定向的个体不易受情绪的影响，快乐和悲伤时的内隐态度偏好差异不显著。实验四的结果也显示出有实验三的趋势。但在实验五中（有情绪来源提示），在促进定向条件下，情绪对内隐态度偏好的影响差异不显著，而在预防定向条件下，快乐和悲伤时的内隐态度偏好差异显著，表现为快乐时人们偏好于享乐性信息，在悲伤时偏好于功能性信息。为什么会出现这样的不同，我们或许可以通过进一步对实验三、四和五的数据进行综合性分析得到一些启示。

实验五研究结论：

情绪和调节定向对信息的外显态度偏好、信息选择偏好均没有交互效应，而调节定向和情绪的交互作用对内隐态度偏好的影响达到显著性水平。

五、本章三个实验的综合性分析

对本章三个实验三、四和五的数据进行综合性分析，我们获得一个新的自变量—情绪的提示：实验三和四是无情绪提示水平，实验五是有情绪提示水平。

（一）情绪、情绪来源提示和调节定向对外显态度偏好的影响

以情绪、调节定向和有无情绪来源提示为自变量，以外显态度偏好为因变量进行方差分析，结果发现，只有情绪的主效应显著，其他的均不显著，结果见表5.22。

表5.22　情绪、提示和调节定向对外显态度偏好影响的方差分析

源	SS	df	M	F	p
校正模型	17.286[a]	7	2.469	1.180	0.317
截距	366.703	1	366.703	175.160	0.000
情绪	11.701	1	11.701	5.589	0.019
调节定向	0.547	1	0.547	0.262	0.610
提示	1.038	1	1.038	0.496	0.482
情绪 × 调节定向	1.005	1	1.005	0.480	0.489
情绪 × 提示	3.543	1	3.543	1.692	0.195
调节定向 × 提示	0.795	1	0.795	0.380	0.539
情绪 × 调节定向 × 提示	1.367	1	1.367	0.653	0.420
误差	370.554	177	2.094	—	—
总计	810.868	185	—	—	—
校正的总计	387.840	184	—	—	—

a. R 方 = 0.045（调整 R 方 = 0.007）

b. 使用 alpha 的计算结果 = 0.05。

从前面的实验可知，外显态度偏好是享乐性信息的态度偏好减去功能性信息的态度偏好，通过表5.23，我们可以看出，与快乐条件下相比，个体在悲伤的条件下对功能性信息持有更加积极的态度。

表5.23　情绪对外显态度偏好影响的描述性分析

	N	*M*	*SD*
快乐	96	−1.2594	1.377
悲伤	96	−1.7234	1.486

（二）情绪、情绪来源提示和调节定向对信息选择偏好的影响

以情绪、调节定向和有无情绪来源提示为自变量，以信息选择偏好为因变量进行方差分析，结果发现，情绪和提示的主效应显著，情绪和调节定向的交互作用也显著，结果见表5.24。

表5.24　情绪、提示和调节定向对影响信息选择偏好的方差分析

变异源	SS	df	M	F	p
校正模型	4.514ª	7	0.645	3.561	0.001
截距	434.768	1	434.768	2400.804	0.000
情绪	1.826	1	1.826	10.083	0.002
调节定向	0.002	1	0.002	0.010	0.922
提示	1.439	1	1.439	7.946	0.005
情绪 × 调节定向	1.041	1	1.041	5.746	0.018
情绪 × 提示	0.004	1	0.004	0.023	0.879
调节定向 × 提示	0.060	1	0.060	0.329	0.567
情绪 × 调节定向 × 提示	0.000	1	0.000	0.000	0.984
误差	32.234	178	0.181	—	—
总计	504.625	186	—	—	—
校正的总计	36.749	185	—	—	—

a. *R* 方 = 0.123（调整 *R* 方 = 0.088）。

b. 使用 alpha 的计算结果 = 0.05。

（三）情绪、情绪来源提示和调节定向对内隐态度偏好的影响

以情绪、调节定向和有无情绪来源提示为自变量，以内隐态度偏好为因变量进行方差分析，结果发现，三者的交互作用显著，其他的均不显著，结果见表5.25。

表 5.25　情绪、提示和调节定向对内隐态度偏好影响的方差分析

变异源	SS	df	M	F	p
校正模型	1.972ᵃ	7	0.282	2.207	0.036
截距	1.156	1	1.156	9.058	0.003
情绪	0.290	1	0.290	2.274	0.134
调节定向	0.012	1	0.012	0.095	0.758
提示	0.055	1	0.055	0.431	0.512
情绪×调节定向	0.022	1	0.022	0.169	0.682
情绪×提示	0.010	1	0.010	0.082	0.775
调节定向×提示	0.017	1	0.017	0.134	0.715
情绪×调节定向×提示	1.549	1	1.549	12.134	0.001
误差	20.421	160	0.128	—	—
总计	23.612	168	—	—	—
校正的总计	22.393	167	—	—	—

a. R 方 = 0.088（调整 R 方 = 0.048）

b. 使用 alpha 的计算结果 = 0.05。

　　为了进一步了解情绪、提示和调节定向对内隐态度偏好的交互作用，我们进行了简单效应分析（见表5.26~表5.28）。首先，我们检验每个条件组合中情绪来源提示的简单效应。结果发现，当快乐和促进定向结合时，有情绪来源提示和无情绪来源提示之间的内隐效应D值差异显著，$F_{(1, 160)} = 4.254$，$p < 0.05$，具体地说，有情绪来源的提示组偏好于功能性信息，而无情绪来源的提示组偏好于享乐性信息。当快乐和预防定向结合时，有无情绪来源提示之间的内隐效应D值达到边缘性显著，$F_{(1, 160)} = 3.075$，$p < 0.1$，具体地说，有情绪来源的提示组偏好于享乐性信息，而无情绪来源提示组偏好于功能性信息，即与前一种实验条件相比，偏好出现了反转。当悲伤和促进定向结合时，有无情绪来源提示对内隐效应D值的影响差异不显著；而悲伤和预防定向结合时，有无情绪来源之间的内隐效应D值差异显著，$F_{(1, 160)} = 4.336$，$p < 0.05$，具体地说，与无情绪来源提示组相比，提示组的被试对功能性信息持有较积极的态度。由此可见，当情绪和调

节定向匹配时（即快乐和促进定向匹配，悲伤和预防定向匹配），与无情绪来源提示相比，有情绪来源提示使被试倾向于偏好于功能性信息。

表5.26　情绪、提示和调节定向对内隐态度偏好影响

情绪	调节定向	提示	M	SD	95% 置信区间	
					下限	上限
快乐	促进定向	提示	−0.170	0.095	−0.358	0.019
		无提示	0.076	0.071	−0.065	0.217
	预防定向	提示	0.061	0.095	−0.128	0.249
		无提示	−0.142	0.065	−0.271	−0.013
悲伤	促进定向	提示	−0.047	0.095	−0.236	0.141
		无提示	−0.174	0.069	−0.310	−0.038
	预防定向	提示	−0.271	0.092	−0.453	−0.089
		无提示	−0.034	0.066	−0.165	0.097

表5.27　提示的简单效应分析

情绪	调节定向	（I）提示	（J）提示	均值差值（I-J）	标准误差	Sig.ᵃ	差分的95% 置信区间ᵃ	
							下限	上限
快乐	促进定向	提示	无提示	−0.246*	0.119	0.041	−0.481	−0.010
		无提示	提示	0.246*	0.119	0.041	0.010	0.481
	预防定向	提示	无提示	0.203	0.116	0.081	−0.026	0.431
		无提示	提示	−0.203	0.116	0.081	−0.431	0.026
悲伤	促进定向	提示	无提示	0.127	0.118	0.283	−0.106	0.359
		无提示	提示	−0.127	0.118	0.283	−0.359	0.106
	预防定向	提示	无提示	−0.237*	0.114	0.039	−0.461	−0.012
		无提示	提示	0.237*	0.114	0.039	0.012	0.461

基于估算边际均值

*. 均值差值在0.05 级别上较显著

对多个比较的调整：最不显著差别（相当于未做调整）

表 5.28　提示在不同实验条件下对内隐态度偏好影响的差异性分析

情绪	调节定向		SS	df	SD	F	Sig.
快乐	促进定向	对比	0.543	1	0.543	4.254	0.041
		误差	20.421	160	0.128	—	—
	预防定向	对比	0.393	1	0.393	3.075	0.081
		误差	20.421	160	0.128	—	—
悲伤	促进定向	对比	0.148	1	0.148	1.160	0.283
		误差	20.421	160	0.128	—	—
	预防定向	对比	0.553	1	0.553	4.336	0.039
		误差	20.421	160	0.128	—	—

　　每个 F 在其他显示效应的每个级别组合中检验 "提示" 的简单效应。这些检验基于估算边际均值间的线性独立成对比较。

　　使用 alpha 的计算结果等于 0.05。

　　然后，我们检验每个条件组合中情绪的简单效应（见表 5.29 和表 5.30）。结果发现，在促进定向和无情绪来源提示时，快乐和悲伤两组被试的内隐效应 D 值差异显著，$F_{(1, 160)} = 6.371$，$p < 0.05$，而在预防定向和有情绪来源提示时，快乐和悲伤两组被试的内隐效应 D 值差异也显著，$F_{(1, 160)} = 6.253$，$p < 0.05$。由此可见，在无情绪来源提示时，促进定向的个体更容易受情绪的影响；而在有情绪来源提示时，预防定向的个体更容易受情绪的影响。所以，根据情绪即信息模型，凸显情绪时，情绪的影响力会减弱或消失，但通过我们的研究发现情况并不都是如此，预防定向的被试在凸显情绪来源时更容易受到情绪的影响。这可能是因为预防定向的个体更易进行精细化加工，在有情绪来源提示时，会倾向于对当时的情绪进行更多的关注，这样反而使情绪启动效果不会因为提示情绪的来源而减弱。

表 5.29　情绪的简单效应

调节定向	提示	(I)情绪	(J)情绪	均值差值（I-J）	标准误差	Sig.ᵃ	差分的 95% 置信区间ᵃ	
							下限	上限
促进定向	提示	快乐	悲伤	−0.122	0.135	0.366	−0.389	0.144

续表

调节定向	提示	(I)情绪	(J)情绪	均值差值(I-J)	标准误差	Sig.ª	差分的95% 置信区间ª	
							下限	上限
促进定向	提示	悲伤	快乐	0.122	0.135	0.366	−0.144	0.389
	无提示	快乐	悲伤	0.250*	0.099	0.013	0.054	0.446
		悲伤	快乐	−0.250*	0.099	0.013	−0.446	−0.054
预防定向	提示	快乐	悲伤	0.332*	0.133	0.014	0.069	0.594
		悲伤	快乐	−0.332*	0.133	0.014	−0.594	−0.069
	无提示	快乐	悲伤	−0.108	0.093	0.248	−0.292	0.076
		悲伤	快乐	0.108	0.093	0.248	−0.076	0.292

基于估算边际均值

对多个比较的调整：最不显著差别（相当于未做调整）

*. 均值差值在0.05级别上较显著

表5.30 情绪在不同实验条件下对内隐态度偏好影响的差异性分析

调节定向	提示		平方和	df	均方	F	Sig.
促进定向	提示	对比	0.105	1	0.105	0.822	0.366
		误差	20.421	160	0.128	—	—
	无提示	对比	0.813	1	0.813	6.371	0.013
		误差	20.421	160	0.128	—	—
预防定向	提示	对比	0.796	1	0.796	6.235	0.014
		误差	20.421	160	0.128	—	—
	无提示	对比	0.172	1	0.172	1.345	0.248
		误差	20.421	160	0.128	—	—

　　每个 F 在其他显示效应的每个级别组合中检验"情绪"的简单效应。这些检验基于估算边际均值间的线性独立成对比较。

　　使用 alpha 的计算结果等于0.05。

第六章 调节定向和情绪对信息偏好影响的现场研究

第一节 问题的提出

一则头发生长剂的广告是："你不必再忍受脱发的痛苦了。"另一则是："你只要两个月就可以享受又浓又密的头发了。"在某种程度上，这两则广告都在劝说潜在的客户："如果你使用我们的产品，你能如愿以偿。"那么，哪种广告宣传效果较好呢？

我们可以看出这两则广告有很大差异，前者着眼点在于人们的困扰，而后者关注的是重新拥有浓密头发的喜悦。就信息效价来说，有的信息框架强调积极的结果，有的强调消极的结果，究竟哪种表达框架说服最有效呢？过去几十年对这方面信息框架的研究仍没有一个清楚的或一致的答案。早期的框架研究认为行为的类型（如健康—确定、疾病—检查）是一个决定性的因素，后来有不少研究者认为个体差异是一个重要的影响变量。Cesario 等（2013）把这两种方法融入一个框架中，在这个框架中描述了多种信息表征的自我调节水平。他们认为信息内容很重要，发现不同的内容主题可以引起不同的调节定向。信息框架可以启动调节定向，与获得相关的信息，如"赢得"可以启动促进定向；或与损失相关的信息，如"没有损失"可以启动预防定向（Cesario et al，2004；Higgins，1997、2002；Wang & Lee，2006）。我们在研究三中，以现场研究作为背景，用不同的信息框架来启动调节定向，观察一下人们在不同的情绪下会偏好哪种信息？哪种信息表征方式更有效？

信息框架效应探讨的是相同意义的信息采用不同积极或消极的框架形式对消费者的影响（Tversky & Kahneman，1981）。30多年来，有不少研究者对框架效应进行了有意义的探讨，但积极的框架和消极的框架哪个具有优势，研究结论并不一致。为了解决前人的研究出现的不一致的地方，Levin，Schneider 和 Gaeth（1998）提出一个概念框架模型，把各种框架分为三类：风险—选择框架，属性框架和目标框架。风险—选择框架是关于在两个具有不同风险水平的选项中进行选择。风险—选择框架研究表明聚焦于损失比聚焦于获益时，人们更倾向于冒险。与风险—选择框架不同，属性框架和目标框架探讨的是同一个选项的积极和消极的框架的相对有效性。在属性框架中，某物品或事件的一个关键特征是框架操作的关注焦点。由于简单的提示或启动效应，积极的属性比相同内涵的消极属性框架能产生更加积极的评价。目标框架是有关行为结果的，是表征行为和目标实现二者之间关系的框架。具体地说，积极的目标框架突出获得积极结果的目标（促进定向），而消极目标框架则强调的是回避消极结果的目标（预防定向）。

促进定向和预防定向的人都想达到理想的最终状态和回避不希望的状态，但是这存在着一种不对称性——促进定向的人更可能被快乐启动而预防定向的人更可能被痛苦启动（Idson，Liberman & Higgins，2000、2004）。Cesario 等（2013）研究发现，表征为坚持某种行为可以获得快乐的信息对于促进定向的人来说会更加有效，而不坚持某种行为会经历痛苦的信息对预防定向的人会更有激励效果。也就是说，信息表征的效果依赖于行为产生的结果是安全相关的（预防定向）还是成长相关的（促进定向）。描述不坚持行为的痛苦表征（"损失"框架）与安全性相关的信息相结合所带来的说服力较高；而描述坚持行为的快乐表征与成长性相关的信息相结合所带来的说服力较高。即当信息框架的心理表征与人的调节取向匹配时，信息的说服效应会增加。具体地说，促进定向的个体更容易被表征为获得相关的信息说服，而预防定向的个体更容易被损失相关的信息说服。这种现象被标签为一种调节匹配效应。

不少研究者认为存在着一种匹配效应，如当信息框架表征和接受者调节定向相匹配时，信息的说服力会增强。对于促进定向的接受者（关心的是满足成长的需要）来说，信息描述了要坚持一种行为积极的属性时，说服效果较好，而对于预防定向的接受者来说（关心的是满足安全的需要），描述了不坚持一种行为的消极属性的信息说服效果较好（Cesario 等，2013）。Aaker 和 Lee

（2001）也发现了这种匹配效应，他们认为，拥有独立型自我的消费者倾向于促进定向，关注积极结果的信息；而拥有依赖型自我的消费者倾向于预防定向，关注消极结果的信息。

研究三是对调节定向和情绪交互效应研究进一步深化，以现场研究探讨在人们对节水信息的态度偏好和节水信息传播中二者之间效应的预测效度。研究三的实验与前面的实验有3个主要的区别：（1）在实验中，我们采用不同的信息框架来启动促进定向和预防定向，即把节水方面的信息以促进定向或预防定向的框架呈现出来；（2）研究三是个纵向研究，探讨在实验处理一周后，追踪被试的实际信息传播行为有什么影响；（3）前面的实验是以大学生为被试群体，在本章实验中有两种被试，既有大学生被试群体，也有社区被试群体，目的是检验实验处理的外部效度。

研究三预探讨情绪和调节定向在生活领域里的实际应用情况，结合常见的一种题材：节约用水。采用纵向研究的方法进一步考察情绪和调节定向的交互效应。具体地说，研究三包括2个子实验。实验六是以节约用水题材为例探讨情绪和调节定向的作用。实验七是在实验六的基础上，进一步探讨情绪和调节定向之间的匹配效应如何。

第二节　调节定向和情绪的交互效应对节水信息偏好的影响（实验六）

一、引　言

调节定向影响着对积极或消极结果的敏感性（Brendl，Higgins & Lemm，1995）。以前有研究发现，促进定向的人更重视与欢快相关的积极的情绪和与沮丧相关的消极情绪，而预防定向的人更重视与安静祥和的积极情绪和烦恼相关的消极情绪。Chang（2007）研究证实，在医疗保健产品的广告的情景中，情绪和信息框架存在交互作用。具体地说，在积极的情绪条件下，积极框架比消极框架呈现出更好的广告效果，而在消极的情绪中，两种框架的效果都不明显。与信息框架（如获得或损失）概念类似，促进定向策略强调追求收益，与积极结果相关，而预防定向强调回避损失，与消极结果有关（Lee & Aaker, 2004）。基于这一点，我们推测在促进定向框架的信息条件下，人们在快乐时比在悲伤时对信息的评价会更倾向于积极。而在预防定向的信息条件下，情绪影响效应会减弱。

基于相关文献及前面的研究结论，我们提出下列假设：

H_1：情绪在调节定向对个体节水态度偏好影响中起调节作用；

H_2：情绪在调节定向对个体节水信息传播意愿影响中起调节作用；

H_3：情绪在调节定向对个体节水信息传播行为的影响中起调节作用；

二、方 法

（一）被 试

从杭州九莲社区招募82名被试参加实验六。被试的年龄分布分别为：18~25岁的占6.4%，26~30岁的占40.4%，31~40岁的占25.5%，41岁以上的占2.1%。其中男性占19.1%，女性占80.9%。

（二）实验设计

实验采用2（调节定向：促进 vs 预防）×2（情绪：高兴 vs 悲伤）被试间设计。自变量是调节定向和情绪，因变量是对节水信息的态度偏好、传播意愿和传播行为。

（三）研究材料与工具

调节定向的操作 采用信息框架的方法（可参见前面的文献综述）来启动调节定向，具体材料见附录五。

情绪启动 情绪电影是以往研究中筛选出的电影片段。高兴的电影为《唐伯虎点秋香》片段，悲伤的电影为《黄石的孩子》片段。

（四）实验程序

实验采用看视频和纸笔测验的形式进行，具体步骤如下：

第一步，先提醒被试记牢自己的编号；

第二步，让被试看一段视频，启动情绪。

第三步，让被试跟着实验者阅读节约用水的材料，启动调节定向；

第四步，完成对节约用水信息的态度偏好问卷；

第五步，完成有关节水信息传播意愿问卷；

第六步，一周后，完成实际节水信息传播行为问卷。

实验六采用团体施测，实验后发给被试一些小礼品。

三、结　果

（一）实验操作效果检验

1.调节定向操作效果检验

通过预实验对调节定向自变量进行操作性检验。根据 Poels 和 Dewitte（2008）提出的调节定向的启动检验方法，要求被试回答材料强调的是"回避消极还是趋向积极""强调损失还是强调收益"和"强调防御还是强调提升"，即由三个题项组成，是7点量表。较大的数值对应于促进定向，较小的数值对应于预防定向，结果如表6.1所示。

表6.1　调节定向操作性检验

调节定向	M	SD	t	p
促进定向	5.53	0.94	5.80	0.000
预防定向	3.72	1.67	—	—

独立样本 t 检验结果表明，在以促进定向框架呈现的材料的条件下，被试在项目上得分显著高于在预防框架呈现的条件下（$M_{促进}$=5.53，$M_{预防}$=3.27，t（79）=5.80，$p<0.001$）。因此，实验六对于调节定向操作是成功的。

2.情绪启动效果检验

对情绪变量的操作效果进行检验。根据 Hong 和 Lee（2010）所使用的情绪测量量表分别测量积极情绪、消极情绪。在这两个方面项目的平均分作为因变量，结果如表6.2所示。

表6.2　情绪操作效果检验

	情绪	M	SD	t	df	p
积极情绪条件	积极情绪	5.44	1.17	12.31	77	0.000
	消极情绪	2.14	1.21	—	—	—
消极情绪条件	积极情绪	2.02	1.31	−11.08	78	0.000
	消极情绪	4.94	1.05	—	—	—

t检验结果表明，被试在启动积极情绪条件时，积极情绪得分显著高于消极情绪（$M_{积极情绪}$=5.44，$M_{消极情绪}$=2.14，$p<0.001$）；而在启动消极条件时，被试的积极情绪显著低于消极情绪（$M_{积极情绪}$=2.02，$M_{消极情绪}$=4.94，$p<0.001$）。结果表明，情绪启动效果达到非常显著的水平，我们的操作是成功的。

（二）调节定向和情绪对节水信息态度偏好的影响

以调节定向和情绪为自变量，以对节水信息态度偏好为因变量进行方差分析（见表6.3）。结果发现，调节定向、情绪以及二者的交互作用对节水信息态度偏好的影响均不显著。

表6.3　情绪和调节定向对节水信息态度偏好的方差分析

变异源	SS	df	M	F	p
校正模型	0.479[a]	3	0.160	0.462	0.709
截距	3246.498	1	3246.498	9402.725	0.000
情绪	0.112	1	0.112	0.326	0.570
调节定向	0.289	1	0.289	0.837	0.363
情绪×调节定向	0.000	1	0.000	0.000	0.986
误差	26.241	76	0.345	—	—
总计	3487.800	80	—	—	—
校正的总计	26.720	79	—	—	—

a R方 = 0.018（调整 R 方 = −0.021）。

（三）情绪和调节定向对信息传播意愿的影响

剔除无效数据后，描述性统计分析结果如表6.4所示。

表6.4　信息传播变量的描述性统计

情绪	调节定向	M	SD
积极情绪	促进定向	5.653	1.047
	预防定向	4.977	1.544
消极情绪	促进定向	5.193	1.493
	预防定向	6.185	2.672

以情绪和调节定向为自变量，以信息传播意愿为因变量的数据进行方差分析表明（见表6.5）：情绪和调节定向的主效应都不显著，但情绪与调节定向的交互作用显著，$F(1，76)=4.666$，$p<0.05$。

表6.5　情绪和调节定向对信息传播意愿影响的方差分析

变异来源	SS	df	MS	F	p
校正模型	14.555[a]	3	4.852	1.710	0.172
截距	2278.577	1	2278.577	802.896	0.000
情绪	2.702	1	2.702	0.952	0.332
调节定向	0.448	1	0.448	0.158	0.692
情绪×调节定向	13.241	1	13.241	4.666	0.034
误差	215.684	76	2.838	—	—
总计	2582.520	80	—	—	—
校正的总计	230.240	79	—	—	—

为了进一步了解情绪和调节定向之间的交互作用，我们进行了简单效应分析。检验被试的调节定向在不同情绪条件下信息传播意愿差异的结果表明（见表6.6）：在促进定向条件下，积极情绪对信息传播意愿的影响（$M=5.65$）与消极情绪时的（$M=5.19$）差异不显著，$F(1，76)=0.84$，$p>0.05$。而在预防定向条件下，积极情绪对信息传播意愿的影响（$M=4.97$）与消极情绪时的（$M=$

6.19）差异显著，F（1，76）=4.20，$p<0.05$。

表6.6 调节定向在不同情绪上对信息传播意愿的差异性分析

调节定向		SS	df	SD	F	p
促进定向	对比	2.393	1	2.393	0.843	0.361
	误差	215.684	76	2.838	—	—
预防定向	对比	11.944	1	11.944	4.209	0.044
	误差	215.684	76	2.838	—	—

每个 F 在其他显示效应的每个级别组合中检验情绪组的简单效应。这些检验基于估算边际均值间的线性独立成对比较。

使用 alpha 的计算结果等于0.05。

检验被试的情绪在不同调节定向上对信息传播意愿差异的结果表明（见表6.7）：在积极情绪条件下，促进定向对信息传播意愿的影响（$M_{促进}$=5.65）与预防定向时的（$M_{预防}$=4.97）差异不显著，F（1，76）=1.57，$p>0.05$。而在消极情绪条件下，促进定向对信息传播意愿的影响（$M_{促进}$=5.19）与预防定向时的（$M_{预防}$=6.19）差异达到边缘性显著，F（1，76）=3.24，$p=0.076$。

表6.7 情绪在不同调节定向上信息传播意愿的差异性分析

情绪		SS	df	SD	F	p
快乐	对比	4.447	1	4.447	1.567	0.214
	误差	215.684	76	2.838	—	—
悲伤	对比	9.200	1	9.200	3.242	0.076
	误差	215.684	76	2.838	—	—

每个 F 在其他显示效应的每个级别组合中检验调节定向组的简单效应。这些检验基于估算边际均值间的线性独立成对比较。

使用 alpha 的计算结果等于0.05。

由此可见，调节定向和情绪对节水信息传播意愿的影响存在一定的交互效应。具体地说，与悲伤情绪条件相比，促进定向和快乐情绪条件下的被试有更倾向于信息传播的趋势，但差异不显著；而预防定向和悲伤情绪条件下的被试信息传播意愿明显高于预防定向和快乐情绪条件下的被试（见图6.1）。

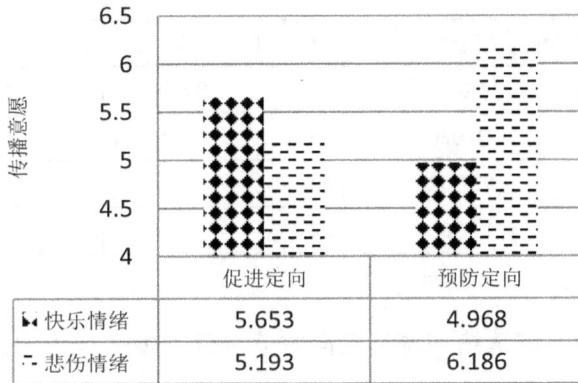

	促进定向	预防定向
快乐情绪	5.653	4.968
悲伤情绪	5.193	6.186

图6.1　情绪和调节定向对信息传播意愿的影响

（四）调节定向和情绪对节水信息传播行为的影响

以调节定向和情绪为自变量，以节水信息传播行为为因变量进行方差分析（见表6.8至表6.9）。结果发现，调节定向主效应达到边缘性显著，$F_{(1, 56)}$ =3.616，p=0.062。情绪的主效应不显著，$F_{(1, 56)}$ =0.034，$p<0.05$。情绪和调节定向的交互作用边缘性显著，$F_{(1, 56)}$ =3.616，p=0.062。

表6.8　信息传播行为变量的描述性统计

情绪	调节定向	M	SD
积极情绪	促进定向	1.200	0.400
	预防定向	1.200	0.294
消极情绪	促进定向	1.012	0.049
	预防定向	1.429	0.714

表6.9　情绪和调节定向对节水信息传播行为影响的方差分析

变异源	SS	df	M	F	p
校正模型	1.334[a]	3	0.445	2.483	0.070
截距	87.308	1	87.308	487.646	0.000
情绪	0.006	1	0.006	0.034	0.855
调节定向	0.647	1	0.647	3.616	0.062

续表

变异源	SS	df	M	F	p
情绪×调节定向	0.647	1	0.647	3.616	0.062
误差	10.026	56	0.179	—	—
总计	97.760	60	—	—	—
校正的总计	11.360	59	—	—	—

a.R 方 = 0.117（调整 R 方 = 0.070）

为了进一步了解情绪和调节定向对节水信息传播行为的交互作用，我们进行了简单效应分析。我们发现（见表6.10）：在快乐条件下，促进定向对节水信息传播行为的影响（$M=1.200$）与预防定向条件时的（$M=1.200$）没有差异，$F(1，56)=0$，$p=1$；而在悲伤条件下，促进定向对节水信息传播行为的影响（$M=1.012$）与预防定向的（$M=1.429$）差异显著，$F(1，56)=7.450$，$p<0.05$。

表6.10　情绪在不同调节定向上对节水信息传播行为的差异性分析

情绪		SS	df	SD	F	p
快乐	对比	0.000	1	0.000	0.000	1.000
	误差	10.026	56	0.179		
悲伤	对比	1.334	1	1.334	7.450	0.008
	误差	10.026	56	0.179		

每个 F 在其他显示效应的每个级别组合中检验调节定向的简单效应。这些检验基于估算边际均值间的线性独立成对比较。

使用 alpha 的计算结果等于0.05。

通过分析我们可以看出，调节定向和情绪对节水信息传播行为的影响也存在一定的交互效应。具体地说，在快乐条件下，促进定向和预防定向条件下的被试节水信息传播行为没有差异；而在悲伤情绪条件下，预防定向的被试信息传播行为明显多于促进定向条件下的（见图6.2）。

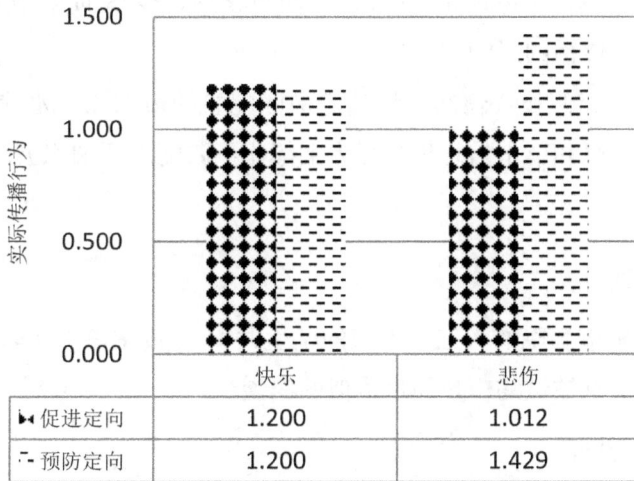

	快乐	悲伤
促进定向	1.200	1.012
预防定向	1.200	1.429

图6.2　情绪和调节定向对实际传播行为的影响

第三节　调节定向和情绪的匹配效应对节水信息偏好的影响（实验七）

一、引　言

通过实验六可以看出，促进定向和快乐情绪相结合呈现出有利于提高节水信息传播意愿的趋势（差异不显著）；预防定向和悲伤情绪相结合有利于节水信息传播。前人研究也发现，促进调节定向与高兴相关的积极的情绪和沮丧相关的消极情绪形成匹配，而预防定向与放松的积极情绪和焦虑伤心等相关的消极情绪相匹配。调节匹配可能产生迁移效应，会对随后的任务产生影响。人们一般很难对这种效应产生防备心理，会无意识地受到其影响（Han，Lerner & Keltner，2007）。与调节不匹配相比，匹配可以强化个体的动机，提升人们的任务绩效（Spiegel，Grant-Pillow & Higgins，2004），提高说服效果（Holler，Hoelzl，Kirchler，Leder & Mannetti，2008），会引起更加积极的态度（Cornelis，Cauberghe & De Pelesmacker，2014）。

实验七在实验六结论的基础上，采用纵向研究的方法探讨调节定向和情绪是否存在匹配效应，具体地说，探讨二者的匹配和非匹配时对节水信息的态度偏好和节水信息传播的影响。

实验七的研究假设：情绪和调节定向匹配组的被试在节水信息态度偏好、节水信息传播意愿和节水信息传播行为上都比不匹配组更加积极。

二、方 法

（一）被 试

来自浙江城市学院的大三、大四的学生共40名被试参加实验，剔除其中4名无效数据。所有被试均未参加过类似的实验。

（二）实验设计

实验采用单因素被试间实验设计。把被试随机分两种情况，每个情况下的被试先后间隔一周进行两次不同条件组合的现场实验干预，一组（匹配组）先后接受的实验条件为：促进vs高兴组、预防vs.悲伤组；另一组（非匹配组）先后接受的实验条件为：预防vs高兴组、促进vs悲伤组。

（三）研究材料与工具

调节定向的操作 采用整合式启动调节定向的方法，即把调节定向的启动和当前的认知活动融合在一起。具体材料见附录和实验六。

情绪启动 同实验六。

三、结 果

（一）调节定向和情绪匹配对节水信息态度偏好的影响

独立样本t检验显示，匹配组对节水信息的态度的分数显著高于不匹配组，表明情绪和调节定向的匹配对节水信息态度偏好有显著的影响（见表6.11）。

表6.11　不同条件下的节水信息态度偏好的差异性比较

是否匹配	M	SD	t	p
匹配	7.000	0.000		0.020
不匹配	6.333	1.085	2.454	—

（二）调节定向和情绪匹配对节水信息传播意愿的影响

独立样本 t 检验显示，与不匹配组条件相比，匹配组对节水信息传播意愿的分数略高，二者差异达到边缘性显著（见表6.12）。

表6.12　不同条件下的节水信息传播意愿的差异性比较

是否匹配	M	SD	t	p
匹配	5.563	1.153	1.927	0.063
不匹配	4.722	1.364		—

（三）调节定向和情绪匹配对节水信息传播行为的影响

独立样本 t 检验显示，情绪和调节定向的匹配对节水信息传播行为影响不显著，但匹配组的节水信息传播次数有多于不匹配组的趋势（见表6.13）。

表6.13　不同条件下的节水信息传播行为的差异性比较

是否匹配	M	SD	t	p
匹配	2.143	1.149	1.149	0.261
不匹配	1.631	1.166		—

四、讨论和结论

实验六和七在节约用水实际应用领域来探讨情绪和调节定向的交互效应，实验六研究结果表明，在对节水信息态度偏好和信息传播中出现了调节定向和情绪的交互效应，即在预防定向条件下，人们在悲伤时更有利于节水信息的传播；而在促进定向条件下，情绪对人们节水信息传播的影响差异不显著，但呈现出有利于提高节水信息传播意愿的趋势。在实验六的基础上，实验七进一步发现，情绪和调节定向有匹配效应，匹配组对节水信息态度偏好和节水信息的传播好于不匹配组。这再次证明了不同的调节定向和情绪状态下个体会有不同的态度偏好和行为。这与前面研究结论大体上是一致的，但也存在着不同，在前面有关享乐性和功能性信息的材料中，我们发现个体在促进定向条件下的态度偏好和行为更容易受情绪状态的影响；而在节水材料中，我们研究发现个体在预防定向条件下的态度偏好和行为更容易受情绪状态的影响。为什么会出现这样的差异呢？这可能是由于对实验材料的不同联想引起的。根据前人的研究，有学者认为人们先前存在的认知结构会影响对新信息的解释和整合（Petty & Cacioppo，1986），我们推测对享乐性信息和功能信息材料的联想很可能启动促进定向。人们对这样的信息有积极的预期，从而会产生趋近倾向。当趋近倾向被激活时，个体的促进定向应该凸显。相反，当面临节水信息材料时，人们一般对水资源及其利用现状没有良好的预期，从而产生回避倾向。当回避倾向被激活时，个体的预防定向应该凸显。也就是说，享乐性和功能性信息类材料内在地激活了促进定向，而节水材料内在地激活了预防定向。当材料信息和情境临时性启动一致时，影响效果可能会更加突出。这也得到以往研究的支持，Aaker和Lee（2001）研究发现，当信息的表征框架和情境性启动的自我观以及文化所推崇的长期形成的自我观三者一致时，记忆效果最好。这与更早期的研究也是吻合的，有研究发现个性中的易得性，再加上相匹配的情境的影响，会使实验处理效应增强（Bargh et al，1986）。

可见，情绪在调节定向对人们节水信息态度偏好和信息传播的影响中起着调节作用。然而，关于情绪的影响前人的研究结论不尽相同。例如，根据情感信息模型，消费者使用"我感觉如何"启发式加工（Schwarz，1990）。因为启发式与现在的情绪有关，它能在判断过程中导致同化效应，即在积极的情绪中，人们有可能对积极的结果评价得更加积极，而在消极的情绪中，人们对消极的结果评价得更加消极。情绪能诱发记忆中与情绪相关的材料的提取和恢复，使在积极情绪中形成对目标更积极的评价（Isen，Clark，Shalker & Karp，1978）。也有研究者发现情况并不都是如此。例如，一些学者在研究助人行为时发现，消极的情绪并不总是导致消极的反应，有时消极情绪比积极的情绪能产生更加有利的结果（Schaller & Cialdini，1988），这与我们的研究结论比较吻合，当在预防定向条件下，悲伤的情绪更有利于人们形成积极的节水态度和提高节水信息传播意愿。可以根据加工风格中情绪一致性效应和基于情绪偏差来解释研究中不一致的现象。Wegener，Petty，和Klein（1994）提出，积极的情绪会导致对积极的信息做出更有利的评估，而消极的情绪会导致对消极的信息做出更有利的评估。这种研究结论隐含着情绪一致性效应，也就是说，当情绪效价与目标刺激的效价匹配时便会产生有利的评估。这种情绪一致性效应能够解释看似矛盾的研究发现：在品牌产品评估背景中，积极的情绪可能提高目标刺激的吸引力，是因为在这样的环境中，刺激的积极属性很凸显；而对一些困难的社会问题，消极情绪可能是有益的，是因为这些难题能引发情感共鸣，从而产生更多的助人行为（Putrevu，2014）。因此，消极的目标框架在消极的情绪下能引发更有利的评估。当情绪效价和目标刺激不匹配时可能产生较不利的评估和态度。

本章实验六和七研究结论：

（1）在悲伤的情绪条件下，预防定向的被试比促进定向的有较高的节水信息传播意愿，会产生较积极的节水信息传播行为；

（2）与情绪和调节定向不匹配组相比，匹配组的被试会形成更加有利的节水态度，有较高的节水信息传播意愿。

第七章　总讨论及理论总结

第一节　研究总讨论

一、关于调节定向对信息的态度偏好和选择偏好的效应

在一些信息系统研究中，学者很关注个体动机因素的影响。调节定向理论是一种重要的动机理论，它弥补了趋利避害的享乐动机理论在解释人类动机方面的不足。根据调节匹配理论，人们会系统地偏好于与自己的信念、态度和决策一致的信息，倾向于忽略与自己不一致的信息。也就是说，人们更容易关注那些能够维持他们调节目标的刺激，偏好于采用和调节目标相匹配的行为方式。调节定向相当于一个过滤器，通过它人们搜寻和偏好与他们调节定向相一致的刺激（Wang & Lee，2006）。Chernev（2004）研究发现，促进定向个体偏好享乐性产品，而预防定向的个体偏好于功能性产品。信息也可以分为功能性信息和享受型信息（Heijden，2004），而目前还没有直接的证据表明在对信息偏好中存在着调节定向效应。研究一通过两个实验来探讨调节定向对信息偏好的影响。

实验一采用单因素被试间实验设计，考察调节定向对信息的外显态度偏好及信息选择偏好的影响。结果发现，在对信息外显的态度偏好评价方面，与促进定向相比，预防定向的个体对功能性信息评价呈现积极的趋势，而两种调节定向对享乐性信息的态度偏好的影响不显著。在信息选择偏好上，预防定向的被试更倾向于选择功能性信息，而促进定向的被试更倾向于选择享乐性信息。这个研究发现基本上与以往类似的研究结论相一致，如 Chernev（2004）根据目标—属性兼容性原则认为，促进定向的个体更偏好于享乐性属性，预防定向的个体更偏好于功能性属性。Higgins（1997）研究发现，促进定向的个体更倾向于获得快乐，赋予享乐性属性较高的权重；预防定向的个体更倾向于避免痛苦，赋予功能性属性较高的权重。在促进/预防目标和享乐主义/功能主义之间存在着一种匹配，当凸显产品的享乐性（非功能性）属性时，促进定向的个体更偏爱它，而对于预防定向的个体来说，这种偏好则发生反转（Roy & Ng，2012）。

实验二是在实验一的基础上，探讨调节定向对信息的内隐态度偏好及选择偏好的影响。结果发现，调节定向对内隐态度偏好影响显著，在促进定向条件下，人们的内隐效应 D 值显著大于在预防条件下的。与预防定向的个体相比，促进定向的个体更偏好于享乐性信息。预防定向的个体对功能性信息和享乐性信息偏好差异比较小。这与过去的研究发现基本上是吻合的。如 Idson, Liberman & Higgins（2000，2004）认为两种调节定向之间存在着一种不对称性：促进定向的人更可能被"获得目标"启动；而预防定向的人更可能被"损失目标"启动。促进定向的个体聚焦于积极的结果，认为事态处于良性发展中，促进诱发的热切使人们寻求风险，产生冲动行为，偏好享乐性产品，在决策中易采用启发式策略（Sengupa & Zhou，2007；Chernev，2004；Friedman & Förster，2001；Pham & Avnet，2004）。相反，预防定向的个体聚焦于消极结果，认为有问题会发生，他们会谨慎评估状况以避免不期望的结果出现（Zhu & Meyers-Levy，2007），预防定向的人偏好于功能性产品（Chernev，2004），在决策中需要大量的信息（Pham & Avnet，2004）。

二、调节定向和情绪的交互效应

本书的研究二通过实验三和实验四探讨了调节定向和无提示来源的情绪间的交互效应。实验三研究结果发现，在促进定向条件下，无提示来源的情绪对人们态度偏好或行为的影响力要大于在预防定向条件下的。具体地说，在促进定向条件下，快乐情绪对内隐态度偏好的影响与悲伤情绪时的差异显著，而在预防定向条件下，快乐情绪对内隐态度偏好的影响与悲伤情绪时的差异不显著；在促进定向条件下，个体信息行为的选择比较依赖于情绪，而在预防定向条件下，情绪对个体信息选择偏好的影响没有差异。这个发现与过去的相关研究结论是一致的。有研究者发现，在促进定向条件下，个体在积极情绪时与在消极情绪时对目标评价的差距显著大于在预防定向条件下的，即与促进定向相比，预防定向会减弱对情绪的依赖（Pham & Avnet，2009）。促进定向支持启发式和基于情绪的评价方式，而预防定向支持系统式的和基于理性的评价方式（Pham & Avnet，2004）。

实验四通过不同于实验三的变量的启动方法和实验材料，向被试呈现具体享乐性信息和功能性信息内容，进一步验证了无提示来源的情绪和调节定向对个体态度偏好和行为的影响，并探讨个体的内隐态度偏好和外显态度偏好在情绪和调节定向对信息选择偏好影响中的作用。结果发现，促进定向条件下的被试更依赖情绪进行信息选择，而预防定向条件下的被试信息的选择偏好不易受情绪的影响。Friedman 和 Förster（2000，2001）研究发现，以热切为特征的促进定向的个体更容易受到情绪的影响，而以警惕为特征的预防定向的个体会减弱对情绪的依赖。实验四还发现情绪影响内隐和外显态度偏好的一致性。在快乐条件下，个体对信息的内隐态度偏好和外显态度偏好相关显著；在悲伤的条件下，二者相关不显著。根据情绪即信息理论，在快乐情绪时，个体会倾向于认为可得性认知和反应是有效的，感觉外显的态度有一个有效的依据——内隐态度，显示出较高的内隐—外显的态度的一致性；而在悲伤的情绪时，显示可得性认知和反应是无效的，内隐态度无法是外显态度形成的一个依据，外显态度和内隐态度之间存在着很大差异。Huntsinger 和 Smith（2009）研究也认为，在积极情绪时，内隐和外显态度相关达到显著水平；在消极情绪时，内隐和外显态度相关不显著，即情绪调节着内隐—外显态度的一致性。他们的实验还发现了内隐态度偏好比外显态度偏好具有更高的预测力。内隐态度偏好在调节定向和情绪对信息选择偏好的影响中具有中介作用，而外显态度偏好不具有中介作用。但这不是否定外显态度偏好的预测作用，事实上，两种态度偏好对不同行为的预测力是不同的，研究者发现内隐态度对自动化的、没有意识控制的行为预测力较高，而外显态度对有意识的、控制的行为预测力较高（Asendorpf et al，2002；Perugini，2005）。

本书的研究二通过实验五探讨了调节定向和有提示来源的情绪间的交互效

应。结果发现，有提示来源的情绪和调节定向对信息选择偏好没有影响，这不同于无提示情绪来源的实验结论。这个发现与情绪即信息模型是吻合的（Schwarz & Clore，1983、2003）。当情绪有明确来源提示时，人们意识到情绪的来源时，情绪的影响及其交互作用会减弱或消失；当情绪没有明确外部来源提示时，人们才有可能把当时的情绪作为一种关于评价目标的诊断性信息，进而影响随后的判断。Raghunathan等（2006）研究也发现，当凸显情绪产生的来源时，情绪对判断和决策的影响倾向于降低。实验五的结果也表明，调节定向和有提示来源的情绪对内隐态度偏好的交互作用达到显著性水平。通过对实验三、四和五的数据进行元分析，我们进一步发现，在无情绪来源提示时，促进定向个体的内隐态度偏好更容易受情绪的影响；而在有情绪来源提示时，预防定向个体的内隐态度偏好更容易受情绪的影响。因此，我们认为当提示情绪来源时并不总是会发生折扣效应，正如我们的研究所发现的，预防定向的被试在凸显情绪来源时其内隐态度偏好更容易受到情绪的影响。这好像和以往研究者所提出的折扣效应有矛盾。但是通过对文献进行分析，我们可以发现以往相关的研究基本上都在人们的意识层次上来探讨情绪的折扣效应，而研究二发现，在内隐无意识层次上并没有发生情绪的折扣效应，由此我们推测情绪即信息在个体内隐和外显态度偏好或行为中的作用机制可能不同。

三、调节定向和情绪之间的匹配效应

在前面两个研究的基础上，研究三将调节定向和情绪应用于实际应用情境中——节约用水。通过信息框架的方法操纵调节定向，以社区民众和大学生为研究对象，展开了两个实验。首先，实验六检验了在对节水信息的态度偏好和信息传播中是否会出现调节定向和情绪的交互效应，结果发现，促进定向和快乐情绪相结合有利于提高节水信息传播意愿（尽管差异不显著）；预防定向和悲伤情绪条件相结合有利于节水信息传播。实验七在实验六的基础上，假设促进定向和快乐的情绪、预防定向和悲伤的情绪形成匹配，采用纵向的研究先后对两组（匹配 vs. 不匹配）被试进行两次干预。结果发现，调节定向和情绪之间存在着一定的匹配效应，具体地说，与情绪和调节定向不匹配组相比，匹配组的个体会形成更加有利的节水态度，有较高的节水信息传播意愿和行为。以往的研究也支持这一结论，促进定向与快乐/失望等情绪有关联，而预防定向与放松/害怕等情绪有关联（Amodio，Shah，Sigelman，Brazy & Harmon-Jones，2004；Higgins，1997）。这种调节定向和情绪的关联会形成一种匹配效应，进而会影响随后的个体的心理和行为，产生比较积极的态度（Cornelis，Cauberghe，De Pelesmacker，2014）。

第二节　研究的意义

一、理论意义

（一）丰富了调节定向已有的研究发现

调节定向理论一提出就受到广泛的关注，取得了丰硕的研究成果，但目前仍未将调节定向理论应用到对信息的态度和行为研究领域中来，尤其是调节定向对信息的内隐态度偏好的影响的研究。在这种情况下，本书深入探讨了调节定向对信息的态度偏好和选择偏好的影响，这拓展了调节定向理论的研究范围，有助于更好地理解个体对信息的态度和行为背后的潜在的动机。

（二）突破了情绪即信息理论的研究成果

关于情绪即信息理论的研究发现，情绪即信息理论的探讨基本上都围绕着情绪单一的变量对个体心理和行为的影响，很少有研究从情绪即信息的角度探讨情绪与其他变量的交互效应。为了弥补这一研究的不足，本书基于情绪即信息的视角，尝试把情绪和调节定向这两个变量结合起来，探讨二者的交互效应。我们研究发现，在无情绪来源提示时，促进定向的个体内隐态度更容易受情绪的影响；而在有情绪来源提示时，预防定向的个体的内隐态度更容易受情绪的影响。这突破了以往关于情绪即信息模型的折扣效应，即凸显情绪时，情绪的影响力会减弱或消失。这也进一步完善了情绪即信息的理论，扩展了该理论的应用研究范围，同时也能更好地理解个体的信息的态度偏好、选择偏好以及信息传播等的心理动力。

（三）探讨了调节定向和情绪交互效应及其背后的机制

在以往的研究中，也有学者尝试探讨调节定向和某种具体情绪的效应，但未见到从情绪即信息的视角探讨二者的交互效应。另外，人们对目标对象在同一时间可能持有不同的外显的和内隐的态度偏好。那么，这两种态度偏好在调节定向和情绪对个体行为预测中有何差异？以往的研究仅停留在对外显的心理变量进行考察。鉴于此，本书对调节定向、情绪、外显态度偏好/内隐态度偏好、和行为之间的作用关系进行了梳理，且通过实验的方法证明了内隐态度偏好在调节定向和情绪对个体行为影响中的中介作用。

二、实践意义

（一）本书在信息传播领域里具有较高的应用价值。具体地说，人们平时会接触到信息，那么，人们会对这些信息持有什么态度？会对哪类信息有兴趣？会传播什么样的信息呢？根据笔者研究发现，调节定向和情绪对以上问题会产生一定的作用。如对促进定向比较凸显的被试来说，若面临的是享乐性信息，则可以通过一定的方法来启动他们的快乐情绪；若面临的是功能性信息，则会启动他们的悲伤情绪，如此可以最大限度地提升信息的受众对信息的评价和传播意愿。

（二）本书对市场营销实践也有重要的启示，为营销提供了一个重要的细分市场的依据——调节定向和情绪的交互。若商家想让目标消费者接受产品或服务的功能性信息，则可以通过一定的方法启动消费者的预防定向，尤其是让他们处于一种悲伤的情绪中；若让目标消费者接受产品或服务的享乐性信息，则可以调动消费者的促进定向，并启动他们的快乐情绪。总之，针对产品不同的信息类型，商家应实施具有针对性的营销或说服策略，方能驱动消费者接纳的心理或行为。

第三节　研究的创新之处

本书的创新之处，主要体现在以下几个方面。

第一，在研究的视角上，本书首次从调节定向和情绪即信息的交互的视角出发，扩展了调节定向理论和情绪即信息理论的应用范围，深入地探讨了调节定向与情绪即信息对信息的态度偏好尤其是内隐态度偏好及行为的影响，研究视角体现出一定的独特性。

第二，从研究方法上说，本书主要采用实验法和现场情境法相结合，相比单纯的问卷法或实验法来说，这种方法具有较强的科学性，且具有较高的外部效度和生态效度。

第三，从研究内容上说，本书将调节定向理论和情绪即信息理论应用于信息研究领域，首次探讨了调节定向和情绪即信息理论对信息的外显、内隐态度偏好，信息选择偏好和信息传播行为的影响。这进一步丰富了调节定向和情绪即信息理论，并在一定意义上也探讨了对信息的态度偏好和行为背后潜在的动机机制。

第四，从研究应用上来说，本书对影响信息偏好的因素进行了探讨，对信息传播领域有一定的启示和指导意义，对商家和市场营销人员制定有效的营销宣传策略、提高受众对信息的接纳程度也是有帮助的。

第四节　研究的不足和展望

尽管本书通过一系列的研究得到了一些有价值的发现，但是还存在一些不足和局限，归纳起来有以下几点。

（1）本书对个体调节定向采用的是启动的方法来诱发情境性短期的调节定向，而特质性的长期的调节定向是否也具有相同的效应尚不清楚。另外，临时启动的状态性的调节定向是否受到长期养成的特质性的调节定向的影响呢？后续的研究可以考虑特质性的调节的效应，也可以探讨一下特质性的和状态性的两种调节定向之间的交互效应。

（2）本书调节定向和情绪即信息理论的交互效应还有待进一步探讨。本书探讨了调节定向的效应及其和无提示来源的情绪、有提示来源的情绪之间的交互效应，也尝试着探寻调节定向和情绪间是否存在着匹配效应，但调节定向和情绪二者之间的效应何时产生的？哪些因素会影响着该效应？这值得未来进一步深入探讨。

（3）本书只在信息偏好领域里探讨调节定向和情绪即信息的交互效应，未来可以在更多的其他领域里验证二者之间的效应，如在认知决策中。

（4）本书在启动调节定向和情绪两个变量时，为了强化操纵效果，我们参照了以往的一些研究，采用了双任务来启动，如用图片和回忆一件情绪事件启动情绪，用希望或责任、纸笔迷宫任务启动调节定向，但这些不同的操纵方法之间是否存在着交互作用还有待进一步的验证。

参考文献

陈华娇.调节匹配的加工机制：解释水平的调节作用[D].杭州：浙江大学，2014.

段锦云，周冉，陆文娟，等.不同反应线索条件下调节匹配对建议采纳的影响[J].心理学报，2012，45（1）：104-113.

郭帅，银成钺.基于调节定向的不同面子观消费者对营销信息框架的反应[J].管理学报，2015，12（10）：1529-1535.

李磊，尚玉钒，席酉民.领导语言框架、下属特质调节焦点与下属工作态度[J].管理科学，2011，24（1）：21-30.

林晖芸，汪玲.调节性匹配理论述评[J].心理科学进展，2007，15（5）：749-753.

刘国华.基于顾客视角的销售促进对品牌资产的影响的研究[D].南京：复旦大学，2008.

李蓉.不同情绪诱发下调节定向对冲动性购买行为的影响[D].苏州：苏州大学，2015.

王丹萍，庄贵军，周茵.集成调节匹配对广告态度的影响[J].管理科学，2013，26（3）：45-54.

王怀勇.决策过程中的调节匹配效应研究[D].上海：华东师范大学，2011.

王怀勇，刘永芳.调节定向与延迟风险对决策偏好的影响[J].心理研究，2013，6（2）：56-63.

王振宏，刘亚，蒋长好.不同趋近动机强度积极认知控制的影响[J].心理学报，2013，45（5）：546-555.

熊素红.调节匹配对消费者的劝说性影响研究综述[J].外国经济与管理，2011，33（12）：58-64.

姚琦，乐国安.动机理论的新发展：调节定向理论[J].心理科学进展，2009，17（6）：1264-1273.

尹非凡, 王詠.消费行为领域中的调节定向[J]. 心理科学进展，2013，21 （2）：347-357.

张凤华，方侠辉，刘书培.决策框架和调节定向对模糊规避的影响[J].中国临床心理学杂志，2015，23（6）：963-967.

朱浩亮，林鹅鹅，曹慧.教师的健康素质：自我调节定向与情绪的作用 [J].教育研究与实验，2010（6）：83-87.

Aaker, J. L. & Lee, A. (2001). "I" seek pleasures and "We" avoid pains: The role of self-regulatory goals in information processing and persuasion. *Journal of Consumer Research,* 28 (1), 33-49.

Aaker, J. L. & Lee, A. (2006). Understanding regulatory fit. *Journal of Marketing Research,* 43 (1), 15-19.

Aaker, J. L. & Williams, P. (1998). Empathy versus pride:The influence of emotional appeals across cultures. *Journal of Consumer Research,* 25 (3), 241-261.

Adaval, R. (2001). Sometimes it just feels right:The differential weighting of affect-consistent and affect-inconsistent product information. *Journal of Consumer Research,* 28, 1-17.

Amodio, D. M., Shah, J. Y., Sigelman, J., et al. (2004). Implicit regulatory focus associated with asymmetrical frontal cortical activity. *Journal of Experimental Social Psychology,* 40, 225-232.

Asendorpf, J. B., Banse, R., & Mücke, D. (2002). Double discrimination between implicit and explicit personality self-concept: The case of shy behavior. *Journal of Personality and Social Psychology,* 83, 380-393.

Avnet, T. & Higgins, E. T. (2003). Locomotion, assessment, and regulatory fit value transfer from "how" to "what". *Journal of Experimental Social Psychology,* 39 (5), 525-530.

Avnet, T. & Higgins, E. T. (2006). How regulatory fit affects value in consumer choices and opinions. *Journal of Marketing Research,* 43 (1), 1-10.

Avnet, T, Laufer, D, & Higgins, E. T. (2013). Are all experiences of fit created equal? Two paths to persuasion. *Journal of Consumer Psychology,* 23 (3), 301-316.

Babin, B. J., Darden, W. R., & Griffin, M. (1994). Work and/or fun: Measuring hedonic and utilitarian shopping value. *Journal of Consumer Research,* 20 (4), 644-656.

Baek, T. H. & Reid, L. N. (2013). The interplay of mood and regulatory focus in influencing altruistic behavior. *Psychology & Marketing,* 30 (8), 635-646.

Banse, R., Seise, J., & Zerbes, N. (2001). Implicit attitudes towards homosexuality: Reliability, validity, and controllability of the IAT. *Zeitschrift für Experimentelle Psychologie*, 48: 145-160.

Bargh, J. A., Bond, R. N., Lombardi, W. J., et al. (1986). The additive nature of chronic and temporary sources of construct accessibility. *Journal of Personality and Social Psychology*, 50 (5), 869-878.

Batra, R. & Ahtola, O. T. (1991). Measuring the hedonic and utilitarian sources of consumer attitudes. *Marketing Letters*, 2 (2), 159-170.

Best, S. J., Chmielewski, B., & Krueger, B. S. (2005). Selective exposure to online foreign news during the conflict with Iraq. *The Harvard International Journal of Press/Politics*, 10 (4), 52-70.

Beukeboom, C. J. & Semin, G. R. (2006). How mood turns on language. *Journal of Experimental Social Psychology,* 42, 553-566.

Blankenship, K. L. & Wegener, D. T. (2008). Opening the mind to close it: Considering a message in light of important values increases message processing and later resistance to change. *Journal of Personality and Social Psychology*, 94, 196-213.

Bless, H., Bohner, G., Schwarz, N. ,et al. (1990). Mood and persuasion: A cognitive response analysis. *Personality and Social Psychology Bulletin*, 16 (2), 331-345.

Bless, H., Clore, G. L, Schwarz, N., et al. (1996). Mood and the use of scripts: Does happy mood really lead to mindlessness?. *Journal of Personality and Social Psychology*, 71, 665-679.

Bless, H., Mackie, D. M. & Schwarz, N. (1992). Mood effects on attitude judgments: Independent effects of mood before and after message elaboration. *Journal of Personality and Social Psychology,* 63, 585-595.

Bless, H., Schwarz, N., Clore, G. L, et al. (1996). Mood and the use of scripts: Does a happy mood really lead to mindlessness?. *Journal of Personality and Social Psychology,* 71 (4), 665-679.

Bosmans, A. & Baumgartner, H. (2005). Goal-relevant emotional information: When extraneous affect leads to persuasion and when it does not. *Journal of Consumer Research*, 32, 424-434.

Bower, G. H. (1981). Mood and memory. *American Psychologist*, 36, 129-148.

Brendl, C. M, Higgins, E. T., & Lemm, K. M. (1995). Sensitivity to varying gains and losses: The role of self-discrepancies and event framing. *Journal of Personality and Social Psychology*, 69 (6), 1028-1051.

Briol, P., Petty, R. E, & Barden, J. (2007). Happiness versus sadness as a determinant of thought confidence in persuasion: A self-validation analysis. *Journal of Personality and Social Psychology*, 93, 711-727.

Brckner, J.& Higgins, E. T. (2001). Regulatory focus theory: Iimplications for the study of emotions at work. *Organizational Behavior and Human Decision Processes,* 86 (1), 35-66.

Brockner J., Paruchuri S., Idson L. C., & Higgins, E. T. (2002). Regulatory focus and the probability estimates of conjunctive and disjunctive events. *Organizational Behavior and Human Decision Processes,* 87 (1), 5-24.

Bower, G. H. (1981). Mood and memory. *American Psychologist,* 36 (2), 129-148.

Burtscher, M. J. & Meyer, B. (2014). Promoting good decisions: How regulatory focus affects group information processing and decision-making. *Group Processes & Intergroup Relations,* 17 (5), 663-681.

Camacho, C., Higgins, E., & Luger, L. (2003). Moral value transfer from regulatory fit: What feels right is right and what feels wrong is wrong. *Journal of Personality and Social Psychology,* 84 (3), 498-510.

Carver, C. S. (2003). Pleasure as a sign you can attend to something else: Placing positive feelings within a general model of affect. *Cognition and Emotion,* 17, 241-261.

Carver, C. S. (2004). Negative affects deriving from the Behavioral Approach

System. *Emotion,* 4,3-22.

Carver, C. S. & Harmon-Jones, E. (2009). Anger is an approach-related affect: Evidence and implications. *Psychological Bulletin,* 135 (2), 183-204.

Carver, C. S., & White, T. L. (1994). Behavioral inhibition, behavioral activation, and affective responses to impending reward and punishment:The BIS/BAS scales. *Journal of Personality and Social Psychology,* 67, 319-333.

Cesario, J., Corker, K. S., & Jelinek, S. (2013). A self-regulatory framework for message framing. *Journal of Experimental Social Psychology,* 49 (2), 238-249.

Cesario, J., Grant, H., & Higgins, E. T. (2004). Regulatory fit and persuasion: Transfer from "feeling right". *Journal of Personality and Social Psychology,* 86, 388-404.

Chang, C.-T. (2007). Interactive effects of message framing, product perceived risk, and mood: The case of travel healthcare product advertising. *Journal of Advertising Research,* 47, 51-65.

Chaudhuri A. (2002). A study of emotion and reason in products and services. *Journal of Consumer Behaviour,* 1 (3), 267-279.

Chernev, A. (2004). Goal orientation and consumer preference for the status quo. *Journal of Consumer Research,* 31, 557-565.

Chitturi, R., Raghunathan, R., & Mahajan, V. (2007). Form versus function: How the intensities of specific emotions evoked in functional versus hedonic trade-offs mediate product preferences. *Journal of Marketing Research,* 44 (4), 702-714.

Chung, S. & Han, I. (2013). Factors influencing information distortion in online deliberations: The effects of informational characteristics and regulatory focus. *Computers in Human Behavior,* 29 (6), 2188-2196.

Cialdini, R. B., Trost, M. R., & Newsom, J. T. (1995). Preference for consistency: The development of a valid measure and the discovery of surprising behavioral implications. *Journal of Personality and Social Psychology,* 69 (2), 318-328.

Clore, G. L., Gasper, K., & Garvin, E. (2001). Affect as information. In Forgas,

J. P.(Ed.) *Handbook of Affect and Social Cognition*, 121-144. Mahwah: Lawrence Erlbaum.

Cohen, J. B., Pham, M. T., & Andrade, E. B. (2008). The nature and role of affect in consumer behavior. In Haugtvedt, C. P., Herr, P. M., & Kardes, F. R. (Eds.) *Handbook of Consumer Psychology*, 297-348. Mahwah: Lawrence Erlbaum.

Clore, G. L., Wyer, R. S., Dienes, B. P. A., Gasper, K., Gohm, C., & Isbell, L. (2001). Affective feelings as feedback: Some cognitive consequences. In Martin, L. L. & Clore, G. L. (Eds.) *Theories of Mood and Cognition:A User' s Guidebook*, 27-62. Mahwah: Erlbaum.

Cornelis, E., Cauberghe, V., & De Pelesmacker, P. (2014). Regulatory congruence effects in two-sided advertising. *European Journal of Marketing,* 48 (7/8), 1451-1465.

Crowe, E., & Higgins, E. T. (1997). Regulatory focus and strategic inclinations: Promotion and prevention in decision-making. *Organizational Behavior and Human Decision Processes,* 69 (2), 117-132.

Cunningham, W. A., Raye, C. L., & Johnson, M. K. (2005). Neural correlates of evaluation associated with promotion and prevention regulatory focus. *Cognitive, Affective, and Behavioral Neuroscience,* 5 (2), 202-211.

Damasio, A. R. (1994). Descartes' error:Emotion, reason, and the human brain. New York:Avon.

de Lange, M. A. & van Knippenberg, A. (2007). Going against the grain:Regulatory focus and interference by task-irrelevant information. *Experimental Psychology,* 54 (1), 6-13.

Dillard, J. P. & Anderson, J. W. (2004). The role of fear in persuasion. *Psychology and Marketing,* 21, 909-926.

Dimotakis, N., Davison, R. B., & Hollenbeck, J. R. (2012). Team structure and regulatory focus: The impact of regulatory fit on team dynamic. *Journal of Applied Psychology,* 97 (2), 421-434.

Egloff, B. & Schmukle, S. C. (2002). Predictive validity of an Implicit Association Test for assessing anxiety. *Journal of Personality and Social Psycholo-*

gy, 83, 1441-1455.

Ellis, H. C. & Ashbrook, P. W. (1988). Resource allocation model of the effects of depressed mood states on memory. In Fiedler, K. & Forgas, J. (Eds.) *Affect, Cognition and Social Behavior*, 25- 43. Toronto: Hogrefe.

Evans, L. M. & Petty, R. E. (2003). Self-guide framing and persuasion:Responsibly increasing message processing to ideal levels. *Personality and Social Psychology Bulletin,* 29 (3), 313-324.

Festinger, L. (1957). A theory of cognitive dissonance. CA:Stanford University.

Fischer, P., Schulz-Hardt, S., & Frey, D. (2008). Selective exposure and information quantity: How different information quantities moderate decision makers' preference for consistent and inconsistent information. *Journal of Personality and Social Psychology,* 94 (2), 231-244.

Fishbach, A. & Labroo, A. A. (2007). Be better or be merry: How mood affects self-control. *Journal of Personality and Social Psychology,* 93 (2), 158-173.

Fiske, A., Kitayama, Sh., Markus, H. R., & Nisbett R.(1998). The cultural matrix of social psychology. In Gilbert D. T. & Fiske, S. T. (Eds.) *The Handbook of Social Psychology*, Vol. 2, Boston: Mc Graw-Hill, 915-981.

Florack, A., Friese, M., & Scarabis, M. (2010). Regulatory focus and reliance on implicit preferences in consumption contexts. *Journal of Consumer Psychology,* 20 (2), 193-204.

Florack, A. & Hartmann, J. (2007). Regulatory focus and investment decisions in small groups. *Journal of Experimental Social Psychology,* 43 (4), 626-632.

Foo, M., Uy, M. A., & Baron, R. A. (2009). How do feelings influence effort? An empirical study of entrepreneurs' affect and venture effort. *Journal of Applied Psychology,* 94 (4), 1086-1094.

Forgas, J. P. (1995). Mood and judgment:The affect infusion model (AIM). *Psychological Bulletin,* 117 (1), 39-66.

Förster, J., Grant, H., Idson, L. C., & Higgins, E. T. (2001). Success/failure feedback, expectancies, and approach/avoidance motivation:How regulatory focus moderates classic relations. *Journal of Experimental Social Psychology,* 37, 253-260.

Förster, J. & Higgins, E. T. (2005). How global versus local perception fits regulatory focus. *Psychological Science,* 16 (8), 631-636.

Förster, J., Higgins, E. T., & Taylor Bianco, A. (2003). Speed/accuracy decisions in task performance: Built-in trade-off or separate strategic concerns? *Organizational Behavior and Human Decision Processes,* 90, 148–164.

Fredrickson, B. L. (2001). The role of positive emotions in positive psychology: The broaden-and-build theory of positive emotions. *American Psychologist,* 56, 218-226.

Fredrickson, B. L. & Branigan, C. (2005). Positive emotions broaden the scope of attention and thought-action repertoires. *Cognition & Emotion,* 19, 313-332.

Freitas, A. L. & Higgins, E. T. (2002). Enjoying goal-directed action: The role of regulatory fit. *Psychological Science,* 13 (1), 1-7.

Friedman, R. S., Fishbach, A., Forster, J., & Werth, L. (2003). Attentional priming effects on creativity. *Creativity Research Journal,* 15, 277-286.

Friedman, R. S., & Förster, J. (2000). The effects of approach and avoidance motor actions on the elements of creative insight. *Journal of Personality and Social Psychology,* 79 (4), 477-492.

Friedman, R. S. & Förster, J. (2001). The effects of promotion and prevention cues on creativity. *Journal of Personality and Social Psychology,* 81 (6), 1001-1013.

Friese, M., Wänke, M., & Plessner, H. (2006). Implicit consumer preferences and their influence on product choice. *Psychology & Marketing,* 23 (9), 727-740.

Gable, S. L., Reis, H. T., & Elliot, A. J. (2000). Behavioral activation and inhibition in everyday life. *Journal of Personality and Social Psychology,* 78, 1135-1149.

Gasper, K. (2004). Do you see what I see? Affect and visual information processing. *Cognition & Emotion,* 18, 405- 421.

Gasper, K. & Clore, G. L. (2002). Attending to the big picture:Mood and global versus local processing of visual information. *Psychological Science,* 13 (1),

34-40.

Gorn, G. J., Goldberg, M. E., & Basu, K. (1993). Mood, awareness, and product evaluation. *Journal of Consumer Psychology, 2,* 237-256.

Grant, A. M. & Ashford, S. J. (2008). The dynamics of proactivity at work. *Research in Organizational Behavior, 28,* 3-34.

Greenwald, A. G. & Banaji, M. R. (1995). Implicit social cognition: Attitudes, selfesteem, and stereotypes. *Psychological Review, 102,* 4-27.

Greenwald, A. G., Banaji, M. R., Rudman, L. A., Farnham, S. D., Nosek, B. A., & Mellott, D. S. (2002). A unified theory of implicit attitudes, stereotypes, self-esteem, and self-concept. *Psychological Review, 109,* 3-25.

Greenwald, A. G., Mc Ghee, D. E., & Schwartz, J. L. K. (1998). Measuring individual differences in implicit cognition: The Implicit Association Test. *Journal of Personality and Social Psychology, 74,* 1464 -1480.

Greenwald, A. G., Nosek, B. A., & Banaji, M. R. (2003). Understanding and using the implicit association test; An improved scoring algorithm. *Journnl of Personality and Social Psychology, 85,* 197-216.

Greenwald, A. G., Poehlman, T. A., Uhlmann, E., & Banaji, M. R. (2009). Understanding and using the implicit association test: III. Meta-analysis of predictive validity. *Journal of Personality and Social Psychology, 97,* 17- 41.

Greifeneder, R., Bless, H., & Pham, M. T. (2011). When do people rely on affective and cognitive feelings in judgment? A review. *Personality and Social Psychology Review, 15,* 107-141.

Griskevicius, V., Goldstein, N. J., Mortensen, C. R., Sundie, J. M., Cialdini, R. B., & Kenrick, D. T. (2009). Fear and loving in las Vegas: Evolution, emotion, and persuasion. *Journal of Marketing Research, 46* (3), 384-395.

Griskevicius, V., Shiota, M. N., & Neufeld, S. L. (2010). Influence of different positive emotions on persuasion processing: A functional evolutionary approach. *Emotion, 10* (2), 190-206.

Guadagno, R. E., Asher, T., Demaine, L. J., & Cialdini, R. B. (2001). When saying yes leads to saying no: Preference for consistency and the reverse foot-in-the-door effect. *Personality and Social Psychology Bulletin, 27* (7), 859-867.

Guo, T. & Spina, R. (2015). Regulatory focus affects predictions of the future. *Personality and Social Psychology Bulletin,* 41 (2), 214-223.

Han, S., Lerner, J. S., & Keltner, D. (2007). Feelings and consumer decision making: The appraisal-tendency framework. *Journal of Consumer Psychology,* 17 (3), 158-168.

Hart, W., Albarracín, D., Eagly, A. H., Brechan, I., Lindberg, M. J., & Merrill, L. (2009). Feeling validated versus being correct: A meta-analysis of selective exposure to information. *Psychological Bulletin,* 135 (4), 555-588.

Heijden, H. V. d. (2004). User acceptance of hedonic information systems. *MIS Quarterly,* 28 (4), 695-704.

Herr, P. M., Page, C. M., Pfeiffer, B. E., & Davis, D. F. (2011). Affective influences on evaluative processing. *Journal of Consumer Research,* 38, 833-845.

Higgins, E. T (1987). Self-discrepancy: A theory relating self and affect. *Psychological Review,* 94, 319-340.

Higgins, E. T. (1996a). Emotional experiences: The pain and pleasures of distinct self-regulatory systems. In Kavanaugh, R. D., Glick, B. Z., & Fein, S. (Eds.) *Emotion: The G. Stanley Hall Symposium*, 203-241. Hillsdale: Erlbaum.

Higgins, E. T. (1996b). Ideals, oughts, and regulatory focus. In Gollwitzer, P. M. & Bargh, J. A. (Eds.) *The Psychology of Action: Linking Cognition and Motivation to Behavior* , 91-114. New York: Guilford.

Higgins, E. T. (1996c). The "Self digest" :Self-knowledge serving self-regulatory functions. *Journal of Personality and Social Psychology,* 71 (6), 1062-1083.

Higgins, E. T. (1997). Beyond pleasure and pain. *The American Psychologist,* 52 (12), 1280-1300.

Higgins, E. T. (1998). Promotion and prevention: Regulatory focus as a motivational principle. *Advances in Experimental Social Psychology,* 30, 1- 46.

Higgins, E. T. (1999). Promotion and prevention as a motivational duality: Implications for evaluative processes. In Chaiken, S. & Trope, Y. (Eds.) *Dual-process Theories in Social Psychology* (pp. 503-525). New York: The Guilford Press.

Higgins, E. T. (2000). Making a good decision: Value from fit. *American Psychologist,* 55 (11), 1217-1230.

Higgins, E. T. (2002). How self-regulation creates distinct values: The case of promotion and prevention decision-making. *Journal of Consumer Psychology,* 12, 177-191.

Higgins, E. T. (2006). Value from hedonic experience and engagement. *Psychological Review,* 113 (3), 439-460.

Higgins, E. T., Bond, R. N., Klein, R., & Strauman, T. (1986). Self-discrepancies and emotional vulnerability—How magnitude, accessibility, and type of discrepancy influence affect. *Journal of Personality and Social Psychology,* 51 (1), 5-15.

Higgins, E. T., Friedman, R. S., Harlow, R. E., Idson, L. C., Ayduk, O. N., & Taylor, M. (2001). Achievement orientations from subjective histories of success: Promotion pride versus prevention pride. *European Journal of Social Psychology,* 31, 3-23.

Higgins, E. T., Idson, L. C., Freitas, A. L., Spiegel, S., & Molden, D. C. (2003). Transfer of value from fit. *Journal of Personality and Social Psychology,* 84 (6), 1140-1153.

Higgins, E. T., Shah, J., & Friedman, R. R. (1997). Emotional responses to goal attainment: Strength of regulatory focus as a moderator. *Journal of Personality and Social Psychology,* 72 (3), 515-525.

Hirschman, E. C. & Holbrook, M. B. (1982). Hedonic consumption: Emerging concepts, methods and propositions. *Journal of Marketing,* 46 (3), 92-101.

Holler, M., Hoelzl, E., Kirchler, E., Leder, S., & Mannetti, L. (2008). Framing of information on the use of public finances, regulatory fit of recipients and tax compliance. *Journal of Economic Psychology,* 29 (4), 597-611.

Holton, B. & Pyszczynski, T. (1989). Biased information search in the interpersonal domain. *Personality and Social Psychology Bulletin,* 15 (1), 42-51.

Hofmann, W., Gschwendner, T., Nosek, B. A., & Schmitt, M. (2005). What moderates implicit-explicit consistency? *European Review of Social Psychol-*

ogy, 16, 335-390.

Hong, Y., Morris, M. W., Chiu, C., & Benet-Martínez, V. (2000). Multicultural minds: A dynamic constructivist approach to culture and cognition. *American Psychologist,* 55 (7), 709-720.

Hong, J. & Lee, A. Y. (2008). Be fit and be strong: Mastering self-regulation through regulatory fit. *Journal of Consumer Research,* 34 (5), 682-695.

Hong, J. & Lee, A. (2010). Feeling mixed but not torn: The moderating role of construal level in mixed emotions appeals. *Journal of Consumer Research,* 37 (3), 456-472.

Hullett, C. R. (2005). The impact of mood on persuasion: A meta-analysis. *Communication Research,* 32, 423-442.

Huntsinger, J. R. & Smith, C. T. (2009). First thought, best thought: Positive mood maintains and negative mood degrades implicit-explicit attitude correspondence. *Personality and Social Psychology Bulletin,* 35 (2), 187-197.

Idson, L. C., Liberman, N., & Higgins, E. T. (2000). Distinguishing gains from nonlosses and losses from nongains: A regulatory focus perspective on hedonic intensity. *Journal of Experimental Social Psychology,* 36 (3), 252-274.

Idson, L. C., Liberman, N., & Higgins, E. T. (2004). Imagining how you'd feel: The role of motivational experiences from regulatory fit. *Personality and Social Psychology Bulletin,* 30, 926-937.

Isbell, L. M. & Lair, E. C. (2013). Moods, emotions, and evaluations as information. In Carlston, D. (Ed.) *The Oxford Handbook of Social Cognition,* 435- 462. New York: Oxford University Press.

Isbell, L. M. (2004). Not all happy people are lazy or stupid: Evidence of systematic processing in happy moods. *Journal of Experimental Social Psychology,* 40, 341-349.

Isen, A. M., Clark, M., Shalker, T. E., & Karp, L. (1978). Affect, accessibility of material in memory and behavior: A cognitive loop? *Journal of Personality and Social Psychology,* 36,1-12.

Isen, A. M. & Daubman, K. A. (1984). The influence of affect on categorization. *Journal of Personality and Social Psychology,* 47, 1206 -1217.

Izard, C. E. (1993). Organizational and motivational functions of discrete emotions. In *Handbook of Emotions*. Lewis, M. & Haviland, J. M. (Eds.) 631-641. New York: Guilford.

Jain, S. P., Lindsey, C., Agrawal, N., & Maheswaran, D. (2007). For better or for worse? Valenced comparative frames and regulatory focus. *Journal of Consumer Research,* 31 (1), 57-65.

Jones, J. T., Pelham, B. W., Mirenberg, M. C., & Hetts, J. J. (2002). Name letter preferences are not merely mere exposure: Implicit egotism as self-regulation. *Journal of Experimental Social Psychology,* 38, 170-177.

Kardes, F. R., Cronley, M. L., Kellaris, J. J., Posavac, S. S. (2004). The role of selective information processing in price-quality inference. *Journal of Consumer Research*, 31 (2), 368-374.

Kees, J., Burton, S., & Tangari, A. H. (2010). The impact of regulatory focus, temporal orientation, and fit on consumer responses to health-related advertising. *Journal of Advertising,* 39 (1), 19-34.

Kim, D.-Y. (2003). Voluntary controllability of the Implicit Association Test (IAT). *Social Psychology Quarterly,* 66, 83-96.

Kirmani, A. & Zhu, R. (2007). Vigilant against manipulation: The effect of regulatory focus on the use of persuasion knowledge. *Journal of Marketing Research,* 44 (4), 688-701.

Kivetz, R. & Simonson, I. (2002). Earning the right to indulge: Effort as a determinant of customer preferences toward frequency program rewards. *Journal of Marketing Research,* 39 (2), 155-170.

Koenig, A. M., Molden, D. C., Kosloff, S., & Higgins, E. T. (2009). Incidental experiences of regulatory fit and the processing of persuasive appeals. *Personality and Social Psychology Bulletin,* 19, 415-420.

Koo, M., Clore, G. L., Kim, J., & Choi, I. (2012). Affective facilitation and inhibition of cultural influences on reasoning. *Cognition & Emotion,* 26 (4), 680-689.

Kramer, T. & Yoon, S. (2007). Approach-avoidance motivation and the use of affect as information. *Journal of Consumer Psychology,* 17 (2), 128-138.

Kramer, T., Yucel-Aybat, O., & Lau-Gesk, L. (2011). The effect of schaden-freude on choice of conventional versus unconventional options. *Organizational Behavior and Human Decision Processes,* 116 (1), 140-147.

Kruglanski, A. W., Shah, J. Y., Fishbach, A., Friedman, R., Chun, W. Y., & Sleeth-Keppler, D. (2002). A theory of goal systems. *Elsevier Science & Technology,* 331-378.

Kunda, Z. (1990). The case for motivated reasoning. *Psychological Bulletin,* 108 (3), 480-498.

Langens, T. A. (2007). Regulatory focus and illusions of control. *Personality and Social Psychology Bulletin,* 33, 226-237.

Lee, A. Y. & Aaker, J. L. (2004). Bringing the frame into focus: The influence of regulatory fit on processing fluency and persuasion. *Journal of Personality and Social Psychology,* 86 (2), 205-218.

Labroo, A. A. & Patrick, V. M. (2009). Psychological distancing: Why happiness helps you see the big picture. *Journal of Consumer Research,* 35 (5), 800-809.

Lee, A. Y. & Aaker, J. L. (2004). Bringing the frame into focus: The influence of regulatory fit on processing fluency and persuasion. *Journal of Personality and Social Psychology,* 86 (2), 205-218.

Lee, Angela Y., Aaker, J. L. & Gardner, W. L. (2000). The pleasures and pains of distinct self-construals: The role of interdependence in regulatory focus. *Journal of Personality and Social Psychology,* 78 (6), 1122-1134.

Lee, A. Y., Keller, P. A., & Sternthal, B. (2010). Value from regulatory construal fit: The persuasive impact of fit between consumer goals and message concreteness. *Journal of Consumer Research,* 36 (5), 735-747.

Lench, H. C., Flores, S. A., & Bench, S. W. (2011). Discrete emotions predict changes in cognition, judgment, experience, behavior, and physiology: A meta-analysis of experimental emotion elicitations. *Psychological Bulletin,* 137 (5), 834-855.

Leone, L., Perugini, M., & Bagozzi, R. P. (2005). Emotions and decision making: Regulatory focus moderates the influence of anticipated emotions on action evaluations. *Cognition and Emotion,* 19, 1175-1198.

Lerner, J. S. & Keltner, D. (2001). Fear, anger, and risk. *Journal of Personality and Social Psychology,* 81, 146 -159.

Lerner, J. S., Small, D. A., & Loewenstein, G. (2004). Heart strings and purse strings:Carryover effects of emotions on economic decisions. *Psychological Science,* 15 (5), 337-341.

Levin, I. P., Schneider, S. L., & Gaeth, G. J. (1998). All frames are not created equal:A typology and critical analysis of framing effects. *Organizational Behavior and Human Decision Processes,* 76, 149-188.

Levine, J. M., Higgins, E. T., & Choi, H.-S. (2000). Development of strategic norms in groups. *Organizational Behavior and Human Decision Processes,* 82 (1), 88-101.

Liberman, N., Molden, D. C., Idson, L. C., & Higgins, E. T. (2001).Promotion and prevention focus on alternative hypotheses:Implications for attributional functions. *Journal of Personality and Social Psychology,* 80, 5-18.

Lin, H., & Shen, F. (2012). Regulatory focus and attribute framing:Evidence of compatibility effects in advertising. *International Journal of Advertising,* 31 (1), 169-188.

Lockwood, P., Jordan, C. H., & Kunda, Z. (2002). Motivation by positive and negative role models:Regulatory focus determines who will best inspire us. *Journal of Personality and Social Psychology,* 83, 854-864.

Lockwood, P., Marshall, T. C., & Sadler, P. S. (2005). Promoting success or preventing failure:Cultural differences in motivation by positive and negative role models. *Personality and Social Psychology Bulletin,* 31, 379-392.

Lundgren, S. R. & Prislin, R. (1998). Motivated cognitive processing and attitude change. *Personality and Social Psychology Bulletin,* 24 (7), 715-726.

Mackie, D. M. & Worth, L. T. (1989). Processing deficits and the mediation of positive affect in persuasion. *Journal of Personality and Social Psychology,* 57, 27-40.

Maison, D., Greenwald, A. G., & Bruin, R. (2004). Predictive validity of the Implicit Association Test in studies of brands, consumer attitudes, and behavior.

Journal of Consumer Psychology, 14, 405-415.

Malaviya, P. & Sternthal, B. (2009). Parity product features can enhance or dilute brand evaluation: The influence of goal orientation and presentation format. *Journal of Consumer Research,* 36, 112-121.

Maxwell, J. S. & Davidson, R. J. (2007). Emotion as motion: Asymmetries in approach and avoidant actions. *Psychological Science,* 18, 1113-1119.

Messner, C. & Wänke, M. (2011). Good weather for schwarz and clore. *Emotion,* 11 (2), 436-437.

Meyer, C. J. (2013). A new perspective on coalitions: What motivates membership? Group Dynamics: *Theory, Research, and Practice,* 17 (2), 124-136.

Mogilner, C., Aaker, J. L., & Pennington, G. L. (2008). Time will tell: The distant appeal of promotion and imminent appeal of prevention. *Journal of Consumer Research,* 34, 670-681.

Morris, M. & Peng, K (1994). Culture and cause: American and Chinese and physical events. *Journal of Personality and attributions for social Social Psychology,* 67, 949-971.

Motyka, S., Grewal, D., Puccinelli, N. M., Roggeveen, A. L., Avnet, T., Daryanto, A., Wetzels, M. (2014). Regulatory fit: A meta-analytic synthesis. *Journal of Consumer Psychology,* 24 (3), 394-410.

Mourali, M., Böckenholt, U., & Laroche, M. (2007). Compromise and attraction effects under prevention and promotion motivations. *Journal of Consumer Research,* 34, 234-247.

Mourali, M. & Pons, F. (2009). Regulatory fit from attribute-based versus alternative-based processing in decision making. *Journal of Consumer Psychology,* 19, 643-651.

Muller, D., Judd, C. M., & Yzerbyt, V. Y. (2005). When moderation is mediated and mediation is moderated. *Journal of Personality and Social Psychology,* 89 (6), 852-863.

Parker, M. T. & Isbell, L. M. (2010). How I vote depends on how I feel: The differential impact of anger and fear on political information processing. *Psychological Science,* 21 (4), 548-550.

Perugini, M. (2005). Predictive models of implicit and explicit attitudes. *British Journal of Social Psychology,* 44, 29-45.

Perugini, M. & Bagozzi, R. P. (2001). The role of desires and anticipated emotions in goal-directedbehaviours: Broadening and deepening the theory of planned behavior. *British Journal of Social Psychology,* 40, 79-98.

Petty, R. E. & Cacioppo, J. T. (1986). The elaboration likelihood model of persuasion. *Advances in Experimental Social Psychology,* 19, 123-205.

Petty, R. E. & Wegener, D. T. (1998). Attitude change: Multiple roles for persuasion variables. In Gilbert, D., Fiske, S., & Lindzey, G. (Eds.) *The Handbook of Social Psychology* (4th ed., pp. 323-390). New York: Mc Graw-Hill.

Pham, M. T. (1998). Representativeness, relevance, and the use of feelings in decision making. *Journal of Consumer Research,* 25, 144-159.

Pham, M. T. (2004). The logic of feeling. *Journal of Consumer Psychology,* 14, 360-369.

Pham, M. T. (2008). The lexicon and grammar of affect-as-information: The GAIM. In Wanke, M. (Ed.) *Social Psychology of Consumer Behavio*r, 167–200. New York: Psychology Press.

Pham, M. T. & Avnet, T. (2004). Ideals and oughts and the reliance on affect versus substance in persuasion. *Journal of Consumer Research,* 30 (4), 503-518.

Pham, M. T. & Avnet, T. (2009).Contingent reliance on the affect heuristic as a function of regulatory focus. *Organization Behavior and Human Decision Process,* 108, 267-278.

Pham, M. T., Cohen, J. B., Pracejus, J. W., & Hughes, G. D. (2001). Affect monitoring and the primacy of feelings in judgment. *Journal of Consumer Research,* 28 (2), 167-188.

Pham, M. T. & Higgins, E. T. (2005). Promotion and prevention in consumer decision making: The state of the art and theoretical propositions. In Ratneshwar, S. & Mick, D. G.(Eds.) *Inside Consumption: Consumer Motives, Goals, and Desires.* New York: Routledge.

Poels, K. & Dewitte, S. (2008). Hope and self-regulatory goals applied to an advertising context: Promoting prevention stimulates goal-directed behavior. *Journal of Business Research,* 61, 1030-1040.

Putrevu, S. (2014). Effects of mood and elaboration on processing and evaluation of Goal-Framed appeals. *Psychology & Marketing,* 31 (2), 134-146.

Raghunathan, R. & Pham, M. T. (1999). All negative moods are not equal: Motivational influences of anxiety and sadness on decision making. *Organizational Behavior and Human Decision Processes,* 79, 56-77.

Raghunathan, R., Pham, M. T., & Corfman, K. P. (2006). Informational properties of anxiety and sadness, and displaced coping. *Journal of Consumer Research,* 32, 596-601.

Raghunathan, R. & Trope, Y. (2002). Walking the tightrope between feeling good and being accurate: Mood as a resource in processing persuasive messages. *Journal of Personality and Social Psychology,* 83, 510-525.

Rowe, G., Hirsh, J. B., & Anderson, A. K. (2007). Positive affect increases the breadth of attentional selection. *Proceedings of the National Academy of Sciences of the United States of America,* 104 (1), 383-388.

Roy, R. & Phau, I. (2014). Examining regulatory focus in the information processing of imagery and analytical advertisements. *Journal of Advertising,* 43 (4), 371-381.

Roy, R. & Ng, S. (2012). Regulatory focus and preference reversal between hedonic and utilitarian consumption. *Journal of Consumer Behaviour,* 11 (1), 81-88.

Ruder, M. & Bless, H. (2003). Mood and the reliance on the ease of retrieval heuristic. *Journal of Personality and Social Psychology,* 85, 20-32.

Ryu, G., Suk, K., Yoon, S.-O., & Park, J. (2014). The underlying mechanism of self-regulatory focus impact on compromise choice. *Journal of Business Research,* 67 (10), 2056-2063.

Salerno, A., Laran, J., & Janiszewski, C. (2014). Hedonic eating goals and emotion: When sadness decreases the desire to indulge. *Journal of Consumer Research,* 41 (1), 135-151.

Sassenberg, K. & Woltin, K.-A. (2008). Group-based self-regulation: The effects of regulatory focus. *European Review of Social Psychology,* 19 (1), 126-164.

Sanbonmatsu, D. M., Posavac, S. S., Kardes, F. R., & Mantel, S. P. (1998). Selective hypothesis testing. *Psychonomic Bulletin & Review,* 5 (2), 197-220. doi:10.3758/BF03212944.

Schaller, M. & Cialdini, R. B. (1988). The economics of empathic helping: Support for a mood management motive. *Journal of Experimental Social Psychology,* 24, 163-181.

Schulz-Hardt, S., Jochims, M., & Frey, D. (2002). Productive conflict in group decision making:Genuine and contrived dissent as strategies to counteract biased information seeking. *Organizational Behavior and Human Decision Processes,*88 (2), 563-586.

Schwarz, N. (1990). Feelings as information: Informational and motivational functions of affective states. In Higgins, E. T. & Sorrentino, R. M. (Eds.) *Handbook of Motivation and Cognition: Foundations of Social Behavior* (Vol. 2, pp. 527-561). New York: Guilford Press.

Schwarz, N. & Bless, B. (1991). Happy and mindless, but sad and smart? The impact of affective states on analytic reasoning. In Forgas, J. (Ed.) *Emotion and Social Judgmen*t, 55-71. Oxford:Pergamon.

Schwarz, N. & Bohner, G. (1996). Feelings and their motivational implications. In Gollwitzer, P. M. & Bargh, J. A. (Eds.) *The Psychology of Action*, 119-145. New York:Guilford Press.

Schwarz, N. & Clore, G. (1983). Mood, misattribution, and judgments of well-being:Informative and directive functions of affective states. *Journal of Personality and Social Psychology,* 45, 513-523.

Schwarz, N. & Clore, G. L. (2003). Mood as information:20 years later. *Psychological Inquiry,* 14, 296-303.

Schwarz, N. & Clore, G. L. (2007). Feelings and phenomenal experiences. In Kruglanski, A. W. & Higgins, E. T. (Eds.) *Social Psychology:Handbook of Basic Principles* (2nd ed., pp. 385-407). New York: Guilford Press.

Scott, W. D. & Cervone, D. (2002). The impact of negative affect on performance standards: Evidence for an affect-as-information mechanism. *Cognitive Therapy and Research,* 26 (1), 19-37.

Sechrist, G. B., Swim, J. K., & Mark, M. M. (2003). Mood as information in making attributions to discrimination. *Personality and Social Psychology Bulletin,* 29 (4), 524-531.

Sengupta, J. & Zhou, R. (2007). Understanding impulsive eaters' choice behaviors: The motivational influences of regulatory focus. *Journal of Marketing Research,* 44 (2), 297-308.

Seo, M., Barrett, L. F., & Bartunek, J. M. (2004). The role of affective experience in work motivation. *Academy of Management Review,* 29 (3), 423-439.

Shah, J. Higgins, E. T., & Friedman, R. S. (1998). Performance incentives and means: How regulatory focus influences goal attainment. *Journal of Personality and Social Psychology,* 74 (2), 285-293.

Shah, J. & Higgins, E. T. (2001). Regulatory concerns and appraisal efficiency: The general impact of promotion and prevention. *Journal of Personality and Social Psychology,* 80, 693-705.

Sinclair, R. C., Mark, M. M., & Clore, G. L. (1994). Mood-related persuasion depends on (mis) attributions. *Social Cognition,* 12, 309-326.

Singelis, T. M. (1994). The measurement of independent and interdependent self-construals. *Personality and Social Psychology Bulletin,* 20 (5), 580-591.

Slovic, P., Finucane, M. L., Peters, E., & Mac Gregor, D. G. (2002). The affect heuristic. In Gilovich, T., Griffin, D., & Kahneman, D. (Eds.) *Heuristics and Biases: The Psychology of Intuitive Judgment,* 397-420. New York: Cambridge University Press.

Spiegel, S., Grant-Pillow, H., & Higgins, E. T. (2004). How regulatory fit enhances motivational strength during goal pursuit. *European Journal of Social Psychology,* 34 (1), 39-54.

Storbeck, J. & Clore, G. L. (2005). With sadness comes accuracy, with happiness, false memory: Mood and the false memory effect. *Psychological Science,* 16, 785-791.

Storbeck, J. & Clore, G. L. (2008). The affective regulation of cognitive priming. *Emotion,* 8, 208-215.

Strauman, T. J. & Higgins, E. T. (1989). Self-discrepancies as predictors of vulnerability to distinct syndromes of chronic emotional distress. *Journal of Personality,* 56, 685-707.

Sung, Y. & Choi, S. M. (2011). Increasing power and preventing pain. *Journal of Advertising,* 40 (1), 71-86.

Tice, D. M. & Bratslavsky, E. (2000). Giving in to feel good: The place of emotion regulation in the context of general self-control. *Psychological Inquiry,* 11 (3), 149-159.

Tiedens, L. Z. & Linton, S. (2001). Judgment under emotional certainty and uncertainty: The effects of specific emotions on information processing. *Journal of Personality and Social Psychology,* 81 (6), 973-988.

Tobin, S. J. & Tidwell, J. (2013). The role of task difficulty and affect activation level in the use of affect as information. *Journal of Experimental Social Psychology,* 49 (2), 250-253.

Tracy, J. L., Robins, R. W., & Schriber, R. A. (2009). Development of a FACS-verified set of basic and self-conscious emotion expressions. *Emotion,* 9 (4), 554-559.

Tversky, A. & Kahneman, D. (1981). The framing of decisions and the psychology of choice. *Science,* 211, 453- 458.

Vaughn, L. A., O'Rourke, T., Schwartz, S., Malik, J., Petkova, Z., & Trudeau, L. (2006). When two wrongs can make a right: Regulatory nonfit, bias, and correction of judgments. *Journal of Experimental Social Psychology,* 42, 654-661.

Voss, K. E., Spangenberg, E. R., & Grohmann, B. (2003). Measuring the hedonic and utilitarian dimensions of consumer attitude. *Journal of Marketing Research,* 40 (3), 310-320.

Wang, J. & Lee, A. Y. (2006). The role of regulatory focus in preference construction. *Journal of Marketing Research,* 43, 28-38.

Weiner, B. (1986). Cognition, emotion, and action. In Sorrentino, R. M. & Higgins, E. T. (Eds.) *Handbook of Motivation and Cognition: Foundations of So-*

cial Behavior, 281-312. New York: Guilford Press.

Weiss, H. & Cropanzano, R. (1996). Affective events theory: A theoretical discussion of the structure, causes and consequences of affective experiences at work. In Staw, B. M. & Cummings, L. L. (Eds.) *Research in Organizational Behavior* (Vol. 18, pp. 1-74). Greenwich: JAI Press.

Wegener, D. T., Petty, R. E., & Klein, D. J. (1994). Effects of mood on high elaboration attitude change: The mediating role of likelihood judgments. *European Journal of Social Psychology*, 24, 25-43.

Wegener, D. T., Petty, R. E., & Smith, S. M. (1995). Positive mood can increase or decrease message scrutiny: The hedonic contingency view of mood and message processing. *Journal of Personality and Social Psychology*, 69, 5-15.

Witherington, D. C. & Crichton, J. A. (2007). Frameworks for understanding emotions and their development: Functionalist and dynamic systems approaches. *Emotion*, 7 (3), 628-637.

Yoon, Y., Sarial-Abi, G., & Gürhan-Canli, Z. (2012). Effect of regulatory focus on selective information processing. *Journal of Consumer Research*, 39 (1), 93-110.

Zhang, Y. & Mittal, V. (2007). The attractiveness of enriched and impoverished options: Culture, self-construal, and regulatory focus. *Personality and Social Psychology Bulletin*, 33 (4), 588-598.

Zhao, G. & Pechmann, C. (2007). The impact of regulatory focus on adolescents' response to antismoking advertising. *Journal of Marketing Research*, 44 (4), 671-687.

Zhou, R. & Pham, M. T. (2004). Promotion and prevention across mental accounts: When financial products dictate consumers' investment goals. *Journal of Consumer Research*, 31, 125-135.

Zhou, X., He, L., Yang, Q., Lao, J., & Baumeister, R. F. (2012). Control deprivation and styles of thinking. *Journal of Personality and Social Psychology*, 102, 460-478.

Zhu, R. & Meyers-Levy, J. (2007). Exploring the cognitive mechanism that underlies regulatory focus. *Journal of Consumer Research*, 34, 89-96.

附录一 实验一的材料

促进定向启动：

我们每个人都会有一些希望、梦想和愿望（即那些我们想要追求的事或者想要成为的人，如获得梦寐以求的奖项、取得某种成就等）。请您列举当前所拥有的希望或愿望（两项），写在下面的空白处。

您的希望或愿望：

①_____；

②_____。

接下来您需要完成的是一项纸笔迷宫任务。图中内容为：在迷宫出口处放了一块奶酪，而老鼠位于迷宫的中央。请您画一条路线帮助老鼠逃出迷宫而吃到奶酪。

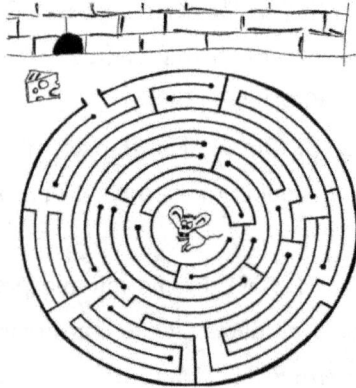

请完成上述任务后回答下列问题。每道题有两种相对立的看法，1代表最同意左边的说法，7代表最同意右边的说法，其他数字代表同意的不同程度。请在符合您感受的数字上直接打"√"。

1.请完成上述任务后，接着回答下列问题：

（1）我更愿意做大家公认的正确的事 1——2——3——4——5——6——7
我更愿意做自己想做的事

（2）我更愿意做世界旅游 1——2——3——4——5——6——7 我更愿意偿
还自己的贷款

（3）我更愿意去内心想去的任何地方 1——2——3——4——5——6——7
我更愿意做履行自己承诺的任何事情

预防定向启动：

我们每个人都会有一些职责、责任和义务（即那些我们觉得必须要做的，如纳税、找工作、照看生病的父母等）。请您列举当前所拥有的职责或义务（两项），写在下面的空白处。

您的责任或义务：

①_____；

②_____。

接下来您需要完成的是一项纸笔迷宫任务。图中内容为：一只饥饿的猫头鹰盘旋在迷宫的上方，准备飞下来吃掉位于迷宫中央的老鼠。请您画一条路线帮助老鼠逃出迷宫而远离猫头鹰。

请完成上述任务后回答下列问题。每道题有两种相对立的看法，1代表最同意左边的说法，7代表最同意右边的说法，其他数字代表同意的不同程度。请在符合您感受的数字上直接打"√"。

2.请完成上述任务后，接着回答下列问题：

（4）我更愿意做大家公认的正确的事 1　2　3　4　5　6　7 我更愿意做自己想做的事

（5）我更愿意做世界旅游 1　2　3　4　5　6　7 我更愿意偿还自己的贷款

（6）我更愿意去内心想去的任何地方 1　2　3　4　5　6　7 我更愿意做履行自己承诺的任何事情

3.下面进行一个小调查，请您根据说明写出自己真实的想法，想法没有对错之分，谢谢！

信息有两种：功能性信息和享乐性信息。有效性、有益的、功能性、必要性和适用性等方面是测量功能性信息的主要指标；而趣味性、令人兴奋的、令人愉快的、令人激动的、可享受等方面是测量享乐性信息的主要指标。例如，<u>经济新闻</u>是一种功能性信息，<u>娱乐新闻</u>是一种享乐性信息。根据以上说明，请回答下列问题：

① 功能性信息有哪些？试举例：

A._____　　B._____　　C._____

D._____　　E._____　　F._____

② 享乐性信息有哪些？试举例：

A._____　　B._____　　C._____

D._____　　E._____　　F._____

信息选择偏好问卷

现在是个信息时代，我们每天都会接触到大量的信息。下面有四种不同的选择情境，如果每一种情境各有10分钟的观看时间，您分别会选择看哪一种信息？请根据自己当下的想法从 A 和 B 选项中做出选择。答案没有好坏、对错之分，请根据您的真实行为作答，谢谢合作！

（7）　A.经济新闻　　B.娱乐新闻（　　）

（8）　A.艺术欣赏　　B.政治新闻（　　）

（9）　A.生活贴士　　B.电影资讯（　　）

（10）A.音乐资讯　　B.天气预报（　　）

4.您认为看经济新闻是：

（11）不利的 1——2——3——4——5——6——7 有利的

（12）无益的 1——2——3——4——5——6——7 有益的

（13）愚蠢的 1——2——3——4——5——6——7 明智的

（14）不必要的 1——2——3——4——5——6——7 必要的

（15）不合意的 1——2——3——4——5——6——7 合意的

5.您认为看娱乐新闻是：

（16）不利的 1——2——3——4——5——6——7 有利的

（17）无益的 1——2——3——4——5——6——7 有益的

（18）愚蠢的 1——2——3——4——5——6——7 明智的

（19）不必要的 1——2——3——4——5——6——7 必要的

（20）不合意的 1——2——3——4——5——6——7 合意的

附录二　实验二的材料（节选）

内隐联系测验主页

众所周知，人们所说的未必是他们内心的真实想法，但实际上，人们也不总是真的知道他们内心的真实想法。理解真实的想法和实际表达的想法之间的差异，是科学心理学来研究的重要内容之一。

本网站将呈现一种比先前更令人信服的方法来揭示意识和无意识之间的差异。
这种新的方法叫做内隐联系测验，简称为IAT。

请输入测试人员编号：　|

- 点击这里开始==》　信息偏好

内隐测验IAT

请你完成下列任务：对一组呈现的词语或图片进行分类。分类要尽可能地快，但同时又尽可能少犯错。速度太慢或太多错误都将会使结果无法解释。这部分将需要大约5分钟时间。下面列出了类别标签以及属于那些类别的项目。

- 享乐信息:娱乐新闻，八卦新闻，电影资讯，音乐资讯；
- 功能信息:经济新闻，政治新闻，生活贴士，天气预报；
- 好:幸福、壮丽、崇高、快乐、荣耀、愉快；
- 坏:虚伪、凄凉、颓丧、肮脏、灾难、悲观；

记住

- 把你的食指放在E'键和""键上以确保能尽快反应。
- 上部的两个标签将告诉你哪一个词或图片应该用哪一-个键反应。
- 每一个词语或图片都可以归为某一类，大部分的分 类都很容易。
- 如果你反应太慢的话，可能会得不到结果。请尽可能的快。
- 快速反应可能会导致少量的错误，这是正常现象。
- 为了得到最好的结果，避免干扰并且集中注意力。

继续

内隐测验—第一阶段

请将中指或食指放在键盘E键或I键上。属于不同类别的词语或图像将一个一个地呈现在屏幕中心，这些类别标签将始终显示在屏幕上方。当呈现的项目属于左边的类别时，请按E键；当呈现的项目属于右边类别时，请按I键。 每个项目只属于一个类别。如果按键错误，将出现×，需要按另一个键修正并继续进行。

这是一个计时分类任务。需要你尽可能快且准确地进行反应。反应太慢或者犯太多错误会导致结果不准确。
这个任务需要大约五分钟时间完成。

按空格键开始

内隐测验—第一阶段	
E 享乐信息	**I** 功能信息
经济新闻	

内隐测验—第一阶段	
E 享乐信息	**I** 功能信息
娱乐新闻	

附录三　实验三的材料

启动促进定向

指导语：请大家仔细看说明，并根据自己的真实想法做完下面的题目，答案没有对错之分，按照先后顺序做题，不要遗漏，谢谢合作！

1.下面是被打乱了的化妆品品牌的名称，请您按照正确的顺序把它们写出来，如"雅欧莱"是打乱的名称，"欧莱雅"是正确的名称。

注意：若能写出一个正确的名称，您将会获得2分；若能写出两个正确的名称，将会获得4分，以此类推。如果您没有正确地解读名称的话，您将不能获得分数。您的目标是能尽可能多地正确解读以下品牌的名称，获得较高的分数。

打乱的名称	正确的名称
例子：雅欧莱	欧莱雅
兰雅黛诗	
娇诗韵	
生资堂	
舒欧丹	
兰玉油	
奈儿香	

写完后，请评估自己大约可以获得（　　　　）分。

启动预防定向

下面是被打乱了的化妆品品牌的名称，请您按照正确的顺序把它们写出来，如"雅欧莱"是打乱的名称，"欧莱雅"是正确的名称。

注意：若写出一个名称是错误的话，您将会失去2分；若写出两个是错误的话，将会失去4分，以此类推。如果您没有解读错一个名字，您将不会失去分数。您的目标是能尽可能少地错误解读以下品牌的名称，失去较少的分数。

打乱的名称	正确的名称
例子：雅欧莱	欧莱雅
宝美莲	
生堂资	
慕拉菲格	
莱泊雅	
大杜夫卫	
维妮雅	

写完后，请评估自己大约失去（　　）分。

调节定向检验问卷

① 当您在排序时，您关注不再丢分的程度为：

一点也不关注 1 —— 2 —— 3 —— 4 —— 5 —— 6 —— 7 非常关注

② 当您在排序时，您关注得到更高分数的程度为：

一点也不关注 1 —— 2 —— 3 —— 4 —— 5 —— 6 —— 7 非常关注

情绪启动

启动快乐情绪

请回忆让自己很开心的一次经历或一件事情，写明是什么使自己很开心，自己在当时有何种体验，将自己能想起的所有细节都写出来。您有5分钟的时间来完成这一作业。

_____

_____

_____

_____

_____

再请仔细观察下图，您认为下图中的人物表达了怎样的情绪？请用3~5个词语写出来。

①_____

②_____

③_____

④_____

⑤_____

启动伤心情绪

请回忆让自己很伤心的一次经历或一件事情，写明是什么使自己很伤心，自己在当时有何种体验，将自己能想起的所有细节都写出来。您有5分钟的时间来完成这一作业。

_____

_____

_____

_____

_____

_____

_____

_____

再请仔细观察下图，您认为下图中的人物表达了怎样的情绪？请用3~5个词语写出来。

① _____

② _____

③ _____

④ _____

⑤ _____

信息选择偏好问卷

现在是个信息时代，我们每天都会接触到大量的信息。下面有四种不同的选择情境，如果每一种情境各有10分钟的观看时间，您分别会选择看哪一种信息？请根据自己当下的想法从A和B选项中做出选择。答案没有好坏、对错之分，请根据您的真实行为作答！

（1）A. 经济新闻　　B. 娱乐新闻（　　）

（2）A. 艺术欣赏　　B. 政治新闻（　　）

（3）A. 生活贴士　　B. 电影资讯（　　）

（4）A. 音乐资讯　　B. 天气预报（　　）

外显态度问卷

您认为看经济新闻是：

（5）不利的 1—2—3—4—5—6—7 有利的

（6）无益的 1—2—3—4—5—6—7 有益的

（7）愚蠢的 1—2—3—4—5—6—7 明智的

（8）不必要的 1—2—3—4—5—6—7 必要的

（9）不合意的 1—2—3—4—5—6—7 合意的

您认为看娱乐新闻是：

（10）不利的 1—2—3—4—5—6—7 有利的

（11）无益的 1—2—3—4—5—6—7 有益的

（12）愚蠢的 1—2—3—4—5—6—7 明智的

（13）不必要的 1—2—3—4—5—6—7 必要的

（14）不合意的 1—2—3—4—5—6—7 合意的

附录四　实验四和实验五的材料

启动促进定向

1.我们每个人都会有一些希望、梦想和愿望（即那些我们想要追求的事或者想要成为的人，如获得梦寐以求的奖项、取得某种成就等）。请您列举过去和现在所拥有的希望或愿望（各两项），写在下面的空白处。

您过去的希望或愿望：_____。

您现在的希望或愿望：_____。

2.请将以下词汇仅分为两类，把同属于"奋斗"一类的全部词都写在下面的横线上：

钢笔	奋斗	寻找	追求	直尺	获得
墨水	赢取	计算器	练习本	成功	进取
橡皮	胜利	文件夹	成就	兴盛	圆珠笔
修正液	完成	铅笔	订书机	愿望	圆规

属于"奋斗"一类的所有词语：

_____

启动预防定向

1.我们每个人都会有一些职责、责任和义务（即那些我们觉得必须要做的，如纳税、找工作、照看生病的父母等）。请您列举过去和现在所拥有的职责或义务（各两项），写在下面的空白处。

您过去的责任或义务：_____；_____。

您现在的责任或义务：_____；_____。

2.请将以下词汇仅分为两类，把同属于"避免"一类的词写在下列的横线上。

钢笔	避免	预防	拒绝	直尺	错误
墨水	挣扎	计算器	练习本	落选	败北
橡皮	失望	文件夹	挫败	失败	圆珠笔
修正液	防止	铅笔	订书机	挫折	圆规

属于"避免"一类的词有：

3.请您仔细阅读下面的信息，然后完成后面的问卷，答案没有好坏、对错之分，请根据您的真实行为作答。

A新闻：张磊成为年度"中国好声音"

历经数月鏖战，第四季《中国好声音》总决赛在北京鸟巢落下帷幕。周杰伦战队的陈梓童、李安，那英战队的张磊，庾澄庆战队的谭轩辕和汪峰战队的贝贝共同角逐"年度好声音"桂冠。最终，张磊凭借一曲《旅行》锁定冠军，成为年度"中国好声音"。

您认为A新闻是：

	1	2	3	4	5	6	7	
无趣的	○	○	○	○	○	○	○	有趣的
非愉悦的	○	○	○	○	○	○	○	愉悦的
非实用的	○	○	○	○	○	○	○	实用的
可有可无的	○	○	○	○	○	○	○	必要的

您认为看A新闻是：

	1	2	3	4	5	6	7	
不利的	○	○	○	○	○	○	○	有利的
无益的	○	○	○	○	○	○	○	有益的
愚蠢的	○	○	○	○	○	○	○	明智的
不合意的	○	○	○	○	○	○	○	合意的

4.请您仔细阅读下面的信息，然后完成后面的问卷。

B 新闻：养老金"双轨制"的终结

《关于机关事业单位工作人员养老保险制度改革的决定》的发布标志着养老金"双轨制"正式终结。这次改革以后，机关事业单位工作人员与企业员工一样，都需履行缴费义务，由用人单位按职工工资的 20% 缴纳养老保险费、个人按本人工资的 8% 缴纳养老保险费。

您认为 B 新闻是：

	1	2	3	4	5	6	7	
无趣的	○	○	○	○	○	○	○	有趣的
非愉悦的	○	○	○	○	○	○	○	愉悦的
非实用的	○	○	○	○	○	○	○	实用的
可有可无的	○	○	○	○	○	○	○	必要的

您认为看 B 新闻是：

	1	2	3	4	5	6	7	
不利的	○	○	○	○	○	○	○	有利的
无益的	○	○	○	○	○	○	○	有益的
愚蠢的	○	○	○	○	○	○	○	明智的
不合意的	○	○	○	○	○	○	○	合意的

5. 如果从新闻 A 和新闻 B 中选择一个观看，您会选择看哪一种信息？答案没有好坏、对错之分，请根据您的真实行为作答。

○ A 新闻

○ B 新闻

6. 您的年龄是：＿＿＿＿＿＿＿＿＿

7. 您的性别是：

○男　　○女

有情绪来源提示问卷

1.下列哪个词能最好地描述您完成这两项任务（指情绪启动任务）后的感觉？（　　）

（1）快乐　　　（2）悲伤　　　（3）愤怒　　　（4）害怕

2.您在多大程度上认为您现在的情绪是因为完成这两项任务而引起的？

（　　　）

（1）一点也不　　　（2）少许　　　（3）有些　　　（4）非常

3.如果您没有做刚才的两项任务，您在多大程度上认为您的情绪会与现在不同？

（1）一点也不　　　（2）少许　　　（3）有些　　　（4）非常

附录五　实验六的材料

附录启动促进定向的材料：

我国人均淡水资源仅为世界平均水平的1/4，在世界上排在第110位，是全球人均水资源最贫乏的国家之一，人均可利用水资源量仅为900立方米。

我们节约用水，使地球成为绿色的家园，为子孙后代造福。节约用水，可以——

- 提高生活用水的质量，拥有一个良好的自然生态环境。
- 使生活安定和谐，环境优美舒适。
- 清洁水源，创造健康世界。
- 营造水流潺潺、草长莺飞的优美人居环境。
- 携手节能，共建碧水蓝天。如下图：

启动预防定向材料

我国人均淡水资源仅为世界平均水平的1/4，在世界上排在第110位，是全球人均水资源最贫乏的国家之一，人均可利用水资源量仅为900立方米。

我们浪费水，将会使地球变成沙漠，生物将会灭绝。浪费水，会——

- 造成干旱、水荒。
- 出现脏、乱、臭的水系。
- 使生物栖息地遭到破坏、物种多样性严重退化。
- 使湿地退化、河水断流。
- 使绿地变成荒漠，没有了花、草、树木。如下图所示：

调节定向的检验问卷

您认为上述材料强调的是：

（1）回避消极 1———2———3———4———5———6———7 趋向积极

（2）强调损失 1———2———3———4———5———6———7 强调收益

（3）强调防御　1———2———3———4———5———6———7　强调提升

情绪操作检验问卷

1.请您根据刚才看视频的感受，回答下列问题：

（4）一点也不快乐　1———2———3———4———5———6———7　非常快乐

（5）情绪一点也不低落　1———2———3———4———5———6———7　情绪非常低落

（6）一点也不高兴　1———2———3———4———5———6———7　非常高兴

（7）一点也不伤心　1———2———3———4———5———6———7　非常伤心

（8）一点也不愉悦　1———2———3———4———5———6———7　非常愉悦

（9）一点也不悲伤　1———2———3———4———5———6———7　非常悲伤

态度、行为意图和传播意愿等问卷

请您看完材料后，回答下列问题。每道题有两种相对立的看法，1代表最同意左边的说法，7代表最同意右边的说法，其他数字代表同意的不同程度。请在符合您感受的数字上直接打"√"。

2.您对下列问题的看法是——

（10）及时关水龙头：

不必要的　1———2———3———4———5———6———7　必要的

（11）用大量的水洗东西：

不利的　1———2———3———4———5———6———7　有利的

（12）用洗菜、淘米等水浇花：

愚蠢的　1———2———3———4———5———6———7　明智的

（13）使用节水马桶：

不值得　1———2———3———4———5———6———7　值得的

（14）循环用水：

无益的 $\underset{1 \quad 2 \quad 3 \quad 4 \quad 5 \quad 6 \quad 7}{\rule{8cm}{0.4pt}}$ 有益的

3.下面呈现一个微博的帖子请根据这个帖子回答以下几个问题：

#节水小窍门#如果碗或盘上面油很多，最好先把餐具上的油污擦去，然后用热水洗一遍，最后再用温水或冷水冲刷干净，可以节约不少水和洗涤剂；不要水龙头大开，长时间冲刷；焯菜的水，可以用来刷洗第一次的碗筷，既能帮助去除表面的油渍，又能达到节水的目的。

（15）我愿意与别人聊天时讨论这个帖子（或其他的节水信息）。

非常不愿意 $\underset{1 \quad 2 \quad 3 \quad 4 \quad 5 \quad 6 \quad 7}{\rule{8cm}{0.4pt}}$ 非常愿意

（16）我愿意将这个帖子（或其他的节水信息）转告好友。

非常不愿意 $\underset{1 \quad 2 \quad 3 \quad 4 \quad 5 \quad 6 \quad 7}{\rule{8cm}{0.4pt}}$ 非常愿意

（17）我愿意将这个帖子（或其他的节水信息）转告家人。

非常不愿意 $\underset{1 \quad 2 \quad 3 \quad 4 \quad 5 \quad 6 \quad 7}{\rule{8cm}{0.4pt}}$ 非常愿意

（18）我愿意将这个帖子（或其他的节水信息）转告同学或同事。

非常不愿意 $\underset{1 \quad 2 \quad 3 \quad 4 \quad 5 \quad 6 \quad 7}{\rule{8cm}{0.4pt}}$ 非常愿意

（19）我愿意将这个帖子的内容（或其他的节水信息）转告其他人群。

非常不愿意 $\underset{1 \quad 2 \quad 3 \quad 4 \quad 5 \quad 6 \quad 7}{\rule{8cm}{0.4pt}}$ 非常愿意

人口统计变量问卷

以下请您填写一些个人信息，在对应的项目后打勾，填写过程中请不要有遗漏。

我们郑重承诺：对您提供的信息会严格保密，再次衷心感谢您的参与及贡献！

（20）性别：①男 ②女

（21）您的年龄：① 18~25岁 ② 26~30岁 ③ 31~40岁 ④ 41~50岁 ⑤ 51~60岁 ⑥ 61岁以上

（22）您的最高学历：

① 高中（中专）及以下　② 专科　③ 本科　④ 硕士及以上

（23）在实验结束后的1周内，关于实际传播节水行为将会有一个简短的Email 和电话问卷调查，请写出您的联系方式，这一个调查对我们的研究非常重要，谢谢配合！

Email：	
手机号：	

图书在版编目(CIP)数据

匹配视角下信息偏好研究 / 王晓梅著 . —杭州：
浙江大学出版社, 2021.6
　　ISBN 978-7-308-21362-2

　　Ⅰ.①匹… Ⅱ.①王… Ⅲ.①决策方法－方法研究
Ⅳ.①C934

中国版本图书馆 CIP 数据核字(2021)第 086788 号

匹配视角下信息偏好研究

王晓梅 著

责任编辑	蔡圆圆	
责任校对	许艺涛	
封面设计	十木米	
出版发行	浙江大学出版社	
	（杭州市天目山路 148 号　邮政编码 310007）	
	（网址：http://www.zjuprcss.com）	
排　　版	杭州林智广告有限公司	
印　　刷	广东虎彩云印刷有限公司绍兴分公司	
开　　本	710mm×1000mm　1/16	
印　　张	11.5	
字　　数	175 千	
版 印 次	2021 年 6 月第 1 版　2021 年 6 月第 1 次印刷	
书　　号	ISBN 978-7-308-21362-2	
定　　价	58.00 元